MATHEMATIK
DENKEN UND RECHNEN 5

Herausgegeben von
Prof. Kurt Neubert und
Prof. Dr. Heinrich Wölpert

Mitarbeiter:
Jürgen Golenia
Peter Inacker
Lothar Kramer
Siegfried Müller
Elisabeth Wiesener

westermann

Zeichenerklärung:

Seite ohne Einführung in ein neues Thema und
farbige Streifen Übungen auf Grundniveau zur Auswahl

■ Blaues Quadrat Übungen auf gehobenem Niveau und
und Seite mit Zusatzstoffe
blauem Streifen

15. Aufgaben mit Prüfzahlen
zur Selbstkontrolle

 Aufgaben zum Tüfteln

1. Auflage Druck   5   4   3   2   1
Herstellungsjahr 1993 1992 1991 1990 1989
Alle Drucke dieser Ausgabe können im Unterricht parallel verwendet werden.

© Westermann Schulbuchverlag GmbH, Braunschweig 1989

Verlagslektorat: Udo Münstermann, Ingeborg Kassner
Layout und Herstellung: Lubow Guth-Marx
Satz: Hermann Hagedorn, Berlin
Reproduktion: büscher-repro, Braunschweig
Druck und Bindung: westermann druck GmbH, Braunschweig

Ausgabe Hessen: ISBN 3-14-111315-7
Ausgabe Rheinland-Pfalz: ISBN 3-14-111335-1

Inhaltsverzeichnis

1	**Natürliche Zahlen**	7
1.1	Abzählen	7
	Strichlisten	8
	Zahlenfolgen	9
	Zahlenmengen	10
1.2	Vergleichen und Ordnen	11
	Zahlenstrahl	12
	größer/kleiner	12
	Skalen	13
1.3	Lesen und Schreiben von großen Zahlen	14
	Stellenwerttafel	15
	Potenzschreibweise	16
1.4	Runden und Darstellen	17
	Säulendiagramm/Streckendiagramm	18
1.5	Andere Zahlsysteme	19
	Römische Zahlzeichen	19
	Dualsystem	20
1.6	Übungen zur Wiederholung	21
2	**Rechnen mit natürlichen Zahlen I**	22
2.1	Addieren und Subtrahieren	22
	Summe/Differenz	23
	Umkehraufgaben	26
2.2	Rechengesetz und Rechenvorteile	28
	Vertauschungsgesetz/Verbindungsgesetz	28
	kommutativ/assoziativ	30
2.3	Schriftliches Addieren und Subtrahieren	31
	Schriftliches Subtrahieren	32
2.4	Sachaufgaben	34
2.5	Übungen zur Wiederholung	35
3	**Figuren und Körper**	36
3.1	Figuren zeichnen	36
3.2	Strecke und Gerade	37
	Strecken zeichnen und messen	38
	Senkrechte Geraden	39
	Parallele Geraden	40
3.3	Figuren im Achsenkreuz	41
3.4	Ebene Figuren	43
	Rechteck, Quadrat	43
	Diagonalen	45
	Parallelogramm	46
3.5	Quader und Würfel	48
	Netze von Würfeln	50
	Netze von Quadern	51
	Schrägbilder	52
3.6	Übungen zur Wiederholung	53

4	**Rechnen mit natürlichen Zahlen II**	54
4.1	Multiplizieren und Dividieren	54
	Dividieren, Quotient	55
	Umkehraufgaben	57
4.2	Rechengesetze und Rechenvorteile	58
	Klammerregel	58
	Verbindungsgesetz	59
	Verteilungsgesetz	60
4.3	Schriftliches Multiplizieren	63
4.4	Schriftliches Dividieren	66
	Dividieren durch einstellige Zahlen	66
	Dividieren durch mehrstellige Zahlen	67
4.5	Sachaufgaben	69
4.6	Übungen zur Wiederholung	70
5	**Spiegeln und Verschieben**	71
5.1	Achsensymmetrische Figuren	71
	Achsenspiegelung	73
	Bildfiguren konstruieren	74
5.2	Parallelverschiebung	75
6	**Geld, Gewicht, Zeit und Längen**	77
6.1	Geld	77
6.2	Gewicht	81
	Umwandlungen	82
6.3	Zeit	86
	Zeitpunkt und Zeitspanne	87
6.4	Längen	89
6.5	Rechnen mit Gewichten, Längen, Preisen	95
6.6	Übungen zur Wiederholung	96
7	**Teilbarkeit**	98
7.1	Teiler und Vielfache	98
7.2	Teilermengen und Vielfachmengen	99
7.3	Teilbarkeitsregeln	101
	Teilbarkeit durch 5; 10	101
	Teilbarkeit durch 2; 4	102
	Teilbarkeit durch 3; 9	103
7.4	Gemeinsamer Teiler und Vielfache	105
	größte gemeinsame Teiler (ggT)	105
	kleinste gemeinsame Vielfache (kgV)	106
7.5	Primzahlen	108
7.6	Primfaktorzerlegung	109
	Potenzschreibweise	110
8	**Gleichungen und Ungleichungen**	111
8.1	Berechnen von Termen	111
	Variable	111

8.2	Aussagen und Aussageformen	113
	Aussageform, Gleichung, Ungleichung	114
	Lösungsmenge	115
	Zwei Ungleichungen; Verknüpfung mit „und"	117
	Schnittmenge	117
	Zwei Ungleichungen; Verknüpfung mit „oder"	118
	Vereinigungsmenge	118
8.3	Übungen zur Wiederholung	119
9	**Grundwissen**	120
9.1	Rechnen mit natürlichen Zahlen	120
	Addieren und Subtrahieren	120
	Multiplizieren und Dividieren	122
9.2	Gewicht, Zeit und Längen	124
9.3	Lösungen	127
	Lösungen zu 9.1–9.2	127
Register		128

Mathematische Zeichen und Gesetze

Mengen

$M = \{4, 5, 6, 7\}$	Menge aus den Elementen 4, 5, 6 und 7 in aufzählender Form
$a \in M$	a ist Element der Menge M
$b \notin M$	b ist nicht Element der Menge M
$\mathbb{N} = \{0, 1, 2, 3, \ldots\}$	Menge der natürlichen Zahlen
T_a	Menge der Teiler von a
V_a	Menge der Vielfachen von a

Beziehungen zwischen Zahlen

$a = b$ a gleich b $a > b$ a größer als b
$a \neq b$ a ungleich b $a < b$ a kleiner als b

Verknüpfungen von Zahlen

$a + b$ Summe (*lies:* a plus b) $a \cdot b$ Produkt (*lies:* a mal b)
$a - b$ Differenz (*lies:* a minus b) $a : b$ Quotient (*lies:* a geteilt durch b)
ggT   größter gemeinsamer Teiler
kgV   kleinstes gemeinsames Vielfaches

Rechengesetze

Vertauschungsgesetz
$a + b = b + a$ $a \cdot b = b \cdot a$
$3 + 7 = 7 + 3$ $3 \cdot 7 = 7 \cdot 3$
Verbindungsgesetz
$a + (b + c) = (a + b) + c$ $a \cdot (b \cdot c) = (a \cdot b) \cdot c$
$3 + (7 + 5) = (3 + 7) + 5$ $3 \cdot (7 \cdot 5) = (3 \cdot 7) \cdot 5$
Verteilungsgesetz
$a \cdot (b + c) = a \cdot b + a \cdot c$ $a \cdot (b - c) = a \cdot b - a \cdot c$
$6 \cdot (8 + 5) = 6 \cdot 8 + 6 \cdot 5$ $6 \cdot (8 - 5) = 6 \cdot 8 - 6 \cdot 5$

Geometrie

A, B, C, ...	Punkte
$\overline{AB}$	Strecke mit den Endpunkten A und B
g, h, k, ...	Geraden
$g \parallel h$	g ist parallel zu h
$g \perp k$	g ist senkrecht zu k
$\alpha, \beta, \gamma, \delta, \varepsilon$ $\sphericalangle (ASB)$	Winkel

1 Natürliche Zahlen

1.1 Abzählen

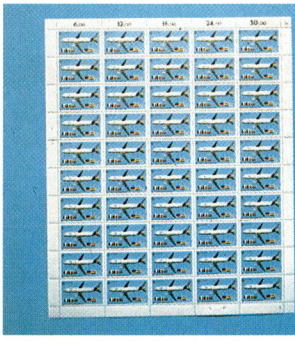  

1. Bei welchem Bild läßt sich die Anzahl am leichtesten bestimmen?

2. Lies ab, wie viele Zuschauer das Schachturnier besucht haben.
   a) Am Vormittag
   b) Am Nachmittag
   c) Insgesamt

Übungen

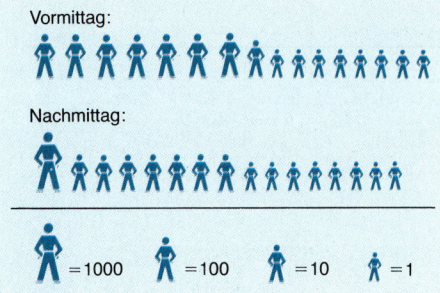

3. Stelle die Anzahl der dargestellten Gegenstände fest.

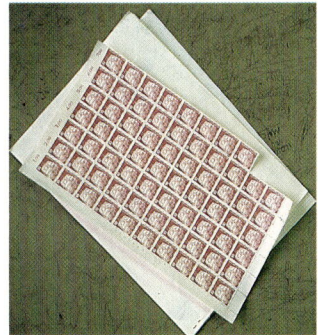  

4. In einer Jugendherberge sind die Schlafräume mit Vogelnamen benannt. Die Herbergseltern haben für den Monat Mai den Belegungsplan aufgestellt.

	Adler	Bussard	Habicht	Rotmilan	Sperber	Turmfalke
1. 5. bis 7. 5.	12	13	10	11	—	14
8. 5. bis 14. 5.	10	12	—	11	11	13
15. 5. bis 21. 5.	—	10	12	10	10	—
22. 5. bis 28. 5.	12	—	10	14	—	12

In welcher Woche ist die Herberge am stärksten (geringsten) belegt?

5. Bei einem Klassenausflug besuchen die Klassen 5a und 5b aus Bergheim einen Freizeitpark. Frau Michaelis kauft die Eintrittskarten für die Klasse 5a und verteilt sie an die Schüler dieser Klasse.

a) Wie viele Schüler der Klasse 5a nehmen am Ausflug teil?
b) Wieviel DM muß Frau Michaelis an der Kasse bezahlen?
c) Frau Heist kauft die Karten für die 25 Schüler der Klasse 5b. Die erste Karte hat die Nummer 5378. Welche Nummer hat die letzte Karte?

6. Für eine Zirkusvorstellung erhält die Burgtorschule Karten zum Sonderpreis von 2 DM. Die Karten haben die Nummern von 6948 bis 7125.
a) Wie viele Karten wurden von der Schule bestellt?
b) Wieviel DM müssen an den Zirkus bezahlt werden?

7. Wie viele Karten wurden verkauft?

Erste Karte	Nr. 347	Nr. 867	Nr. 1348	Nr. 3476	Nr. 8542
letzte Karte	Nr. 379	Nr. 972	Nr. 1837	Nr. 3869	Nr. 9791

Strichliste

8. Claudia zählt die Fahrzeuge, die während der Pause an der Schule vorbeifahren. Sie legt dafür eine Strichliste an.
a) Bestimme die Anzahl für die einzelnen Fahrzeuge.
b) Wie viele Fahrzeuge sind insgesamt an der Schule vorbeigefahren?

Fahrräder	ℍℍ ℍℍ ℍℍ ΙΙ
Motorräder	ℍℍ ΙΙΙ
PKW	ℍℍ ℍℍ ℍℍ ℍℍ ΙΙΙ
LKW	ℍℍ ΙΙ

9. Thomas probiert aus, ob bei seinem Würfel die Augenzahlen ungefähr gleich häufig erscheinen.
a) Lege eine Strichliste an.
b) Wie oft treten die Augenzahlen auf?
c) Ist der Würfel in Ordnung?
d) Probiere selbst einen Würfel aus.

```
1 3 5 2 4    3 5 6 1 2
3 4 5 6 1    6 3 4 2 5
6 1 2 4 4    5 5 2 1 1
6 3 2 4 5    1 6 2 4 3
1 5 3 2 6    2 4 3 5 1
2 6 2 5 4    5 6 1 2 3
```

10. Die Klasse 5a und 5b vergleichen die Ergebnisse ihrer Mathematikarbeiten.

Klasse 5a
```
3 2 3 4 4 1 6 5 3 3
4 3 5 4 2 3 3 4 5 3
4 2 1 3 4 2 3 4
```

Klasse 5b
```
5 2 4 4 3 4 1 1 6 5
4 3 5 2 1 3 4 5 2 4
5 3 4 2 5 3 4 3
```

a) Lege für jede Klasse eine Strichliste und eine Tabelle an.
b) Untersuche, wie die Noten verteilt sind.

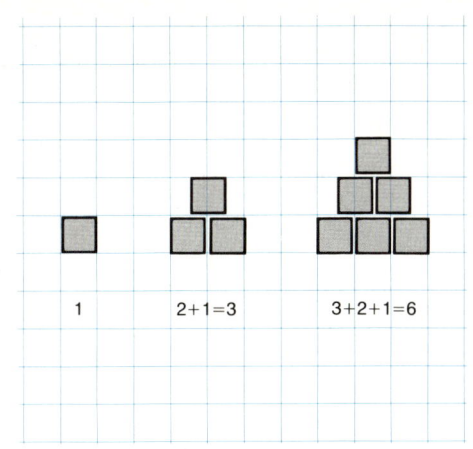

Zahlenfolgen

1. a) Zähle, wie viele Dosen der Turm enthält.
   b) Zeichne die Türme bis zu einer Höhe von sechs Stockwerken auf Karopapier und gib die Anzahl der Dosen an.
   c) Welche Regel kannst du für die Zahlenfolge feststellen?

2. Wie viele Dosen enthält ein Turm mit 12 Stockwerken?

3. Gib fünf weitere Zahlen der Zahlenfolge an.

   a) 0, 2, 4, 6, …   b) 3, 7, 11, 15, …   c) 100, 89, 78, 67, …
      0, 3, 6, 9, …   4, 11, 18, 25, …   300, 275, 250, 225, …
      0, 5, 10, 15, …   5, 13, 21, 29, …   400, 378, 356, 334, …
      0, 12, 24, 36, …   3, 18, 33, 48, …   800, 735, 670, 605, …

Übungen

4. Zeichne zu der Folge zwei weitere Figuren. Wie viele Karos enthält die 6. (7., 8., 9., 10.) Figur?

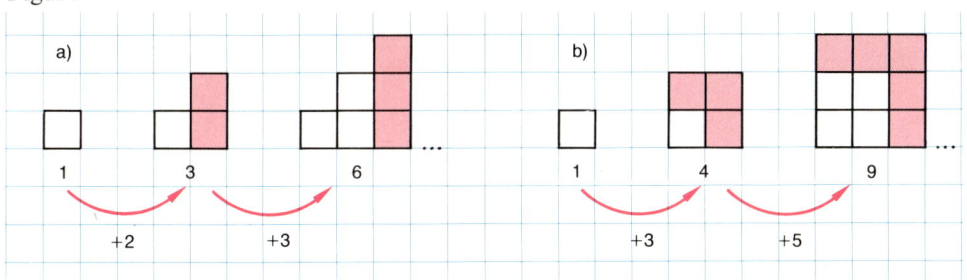

5. Die geraden Zahlen bilden die Folge 0, 2, 4, 6, 8, 10, … .
   a) Wie viele gerade Zahlen liegen zwischen 15 und 35?
   b) Wie viele gerade Zahlen von 50 bis 100 haben als Endziffer eine 4?
   c) Welche geraden Zahlen zwischen 21 und 45 lassen sich durch 4 teilen?

   gerade Zahlen

6. Die ungeraden Zahlen bilden die Folge 1, 3, 5, 7, 9, 11, … .
   a) Wie viele ungerade Zahlen liegen zwischen 30 und 70?
   b) Schreibe alle ungeraden Zahlen zwischen 40 und 60 auf. Welche dieser Zahlen sind durch 3 (5, 7) teilbar?

   ungerade Zahlen

7. a) Schreibe alle Dreierzahlen auf, die kleiner sind als 100.
   b) Welche dieser Dreierzahlen sind auch Viererzahlen (Fünferzahlen)?
   c) Wie heißt die kleinste (größte) dreistellige Dreierzahl?

Zahlen-
mengen

Die Schüler der Klasse 5 b wollen alle zweistelligen Zahlen in den Kasten schreiben, die sie allein mit den Ziffern 1, 2 und 3 bilden können.

11	12	13
21	22	
31		

1. Schreibe die Zahlen in dein Heft und vervollständige die Zahlenmenge.
   Beispiel:
   Menge M = {11, 12, 13, 21, 22, 23, 31, 32, 33}

   sprich: Zur Menge M gehören die Zahlen (Elemente) 11, 12, 13, 21, 22, 23, 31, 32, 33

   sprich: „21 gehört zu M" *schreibe:* 21 ∈ M
   oder
   „21 ist Element von M"

   sprich: „15 gehört nicht zu M" *schreibe:* 15 ∉ M
   oder
   „15 ist kein Element von M"

natürliche
Zahlen
ℕ

Die Zahlen 0, 1, 2, 3, 4, ... bilden die Menge der natürlichen Zahlen.
Diese Menge enthält unendlich viele Elemente.
Schreibweise: ℕ = {0, 1, 2, 3, 4, ...}

Übungen

2. Welche Zahlen gehören zu der Menge? Welche Zahlen gehören nicht zu der Menge?
   Verwende die Zeichen ∈ und ∉.
   a) Menge A = {1, 3, 17, 24, 28, 45, 70}   Zahlen 2, 3, 17, 24, 45
   b) Menge B = {5, 6, 19, 45, 58, 74, 82}   Zahlen 6, 8, 19, 74, 95
   c) Menge C = {4, 6, 37, 54, 69, 85, 99}   Zahlen 6, 9, 54, 75, 85

3. a) Schreibe die Menge A aller zweistelligen Zahlen auf, die du mit den Ziffern 2, 4, 6 schreiben kannst.
   b) Wie viele Elemente hat die Menge A?
   c) Gib an, ob die folgenden Zahlen zur Menge A gehören oder nicht: 44, 13, 56, 26, 82, 60.

4. Wie viele Zahlen gehören zu der Menge?
   a) A = {2, 3, 4, 5, ..., 17} b) A = {2, 4, 6, 8, ..., 36}
   B = {6, 7, 8, 9, ..., 45} B = {20, 30, 40, 50, ..., 80}
   C = {23, 24, 25, 26, ..., 46} C = {5, 10, 15, 20, ..., 65}

5. Setze die Zahlenfolge so weit fort, bis du eine Menge mit 10 Elementen erhältst.
   a) A = {8, 13, 18, 23, ...} b) A = {11, 23, 35, 47, ...}
   B = {6, 7, 9, 12, ...} B = {3, 6, 12, 21, ...}
   C = {10, 20, 40, 70, ...} C = {5, 12, 26, 37, ...}

6. a) Bilde aus den Ziffern 5, 6, 7, 8 alle möglichen zweistelligen Zahlen und schreibe die zugehörige Menge auf: M = {55, 56, ...}.
   b) Wie viele Elemente der Menge M sind gerade Zahlen? Schreibe die Menge auf.
   c) Wie viele Elemente der Menge M lassen sich durch 3 (4, 5) teilen?
   Schreibe die Menge auf.

1.2 Vergleichen und Ordnen

Die Spieler einer Fußballmannschaft laufen meistens in dieser Reihenfolge in das Stadion ein: zuerst der Kapitän, dann der Torwart, dann die Spieler der Größe nach geordnet.

Auf dem Zahlenstrahl stehen die natürlichen Zahlen der Größe nach geordnet.

Zahlenstrahl

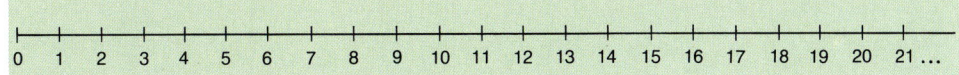

Der Nachfolger von 4 ist 5. Der Vorgänger von 4 ist 3.

Vorgänger
Nachfolger

Übungen

1. a) Übertrage die Abschnitte des Zahlenstrahls in dein Heft.
   b) Schreibe die fehlenden Zahlen an die Markierungen.

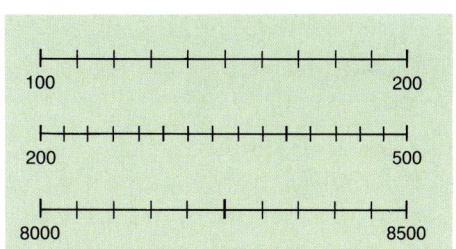

2. Gib zu jeder Zahl den Vorgänger und den Nachfolger an.

   a) 110, 189, 231, 750, 800
   b) 280, 340, 500, 689, 990, 1000
   c) 1500, 1799, 2099, 5000
   d) 6400, 2990, 1800, 6999, 1099

3. Übertrage die Tabelle in dein Heft und fülle sie aus.

a)

Vorgänger	Zahl	Nachfolger
689		
	699	
		990
549		
	601	

b)

Vorgänger	Zahl	Nachfolger
		248 699
	643 010	
868 399		
	751 600	
		100 000

4. Gib zu jeder Zahl den Vorgänger und den Nachfolger an.

   a) 110, 450, 2089, 3500, 91 099
   b) 700, 8000, 9600, 10 099, 15 099
   c) 4900, 26 400, 15 000, 101 100
   d) 34 000, 80 998, 110 000, 999 990

Petra und Sybille haben sich eine Geheimschrift ausgedacht. Für A schreiben sie 11, für B 12, für C 13 usw. Hier ist ihre erste Botschaft:
293028152417 171518151923. Kannst du sie lesen?

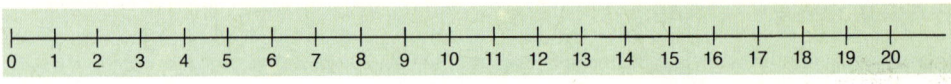

**größer
kleiner**

5 steht links von 18
5 ist **kleiner** als 18
5 < 18

18 steht rechts von 5
18 ist **größer** als 5
18 > 5

*Ich schnappe immer nach dem größeren.
So kann ich mir die Zeichen gut merken!*

Übungen

1. Übertrage in dein Heft und setze die Zeichen < oder > ein.

   a) 348   384
      989   899
      707   770
      897   879

   b) 1010   1100
      1905   1095
      6307   3670
      6088   6800

   c) 11 011   11 100
      23 041   31 041
      25 009   59 002
      70 011   17 101

2. Ordne die Zahlen der Größe nach. Beginne mit der kleinsten Zahl.
   Beispiel: 4 < 10 < 16 < 23

   a) 17, 9, 12, 15
   b) 45, 36, 21, 37
   c) 79, 97, 63, 51
   d) 345, 723, 231, 69
   e) 679, 643, 739, 158
   f) 5342, 49 356, 5370, 2034
   g) 786, 678, 876, 687, 867, 768
   h) 9909, 90 999, 90 009, 99 900, 9999

3. Ordne die Zahlen der Größe nach. Beginne mit der größten Zahl.
   Beispiel: 24 > 15 > 9 > 6.

   a) elf, achtzehn, vierundsiebzig, zwölf, dreiunddreißig, sieben, fünfzehn
   b) achtunddreißig, einhundertsechzehn, neunundzwanzig, vierzehn, fünfundsechzig
   c) sechshundertachtundsiebzig, zweihundertdreiundneunzig, einhundertneunundachtzig, achthundertfünfundvierzig, vierhundertneunundneunzig.

4. Übertrage in dein Heft und setze die Zeichen <, =, > ein.

   a) 41 + 68 ▨ 26 + 63
      24 + 78 ▨ 29 + 44
      84 + 32 ▨ 26 + 104

   b) 7 · 9 ▨ 8 · 8
      8 · 7 ▨ 9 · 6
      6 · 8 ▨ 12 · 4

   c) 9 · 4 − 15 ▨ 7 · 8 − 37
      78 − 9 · 8 ▨ 35 − 4 · 8
      4 + 7 · 5 ▨ 11 + 4 · 7

a) Petra: „Ich kann vier Streichhölzer so wegnehmen, daß fünf gleichgroße Quadrate übrigbleiben."
b) Rainer: „Ich kann sogar acht Streichhölzer so wegnehmen, daß fünf gleichgroße Quadrate übrigbleiben."
c) Susi: „Ich kann vier Streichhölzer so wegnehmen, daß sieben Quadrate übrigbleiben."

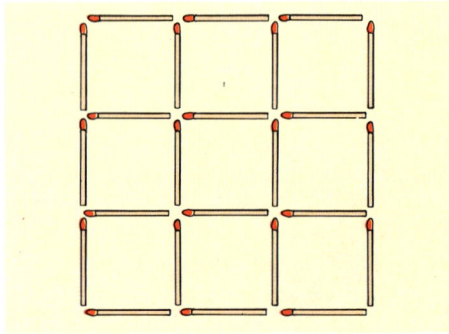

Skalen

1. a) Lies die angezeigten Werte ab.
   b) In welchem Bereich kann gemessen werden?

2. Welche Zahlen sind auf dem Abschnitt des Zahlenstrahls markiert?

Übungen

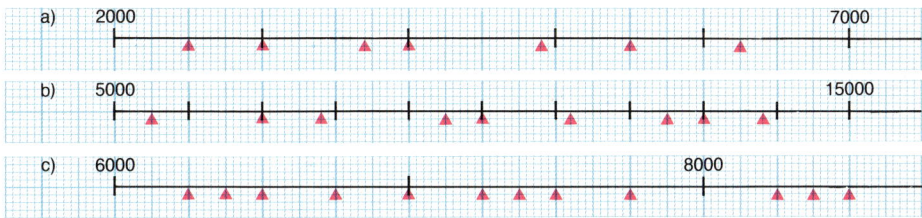

3. Gib die markierten Zahlen an.

4. Zeichne einen Ausschnitt des Zahlenstrahls in dein Heft und markiere die angegebenen Zahlen.

   a) Ausschnitt von 200 bis 300 (Länge 10 cm),
      Zahlen: 210, 220, 230, 240, 250, 245, 255, 285, 271, 286, 292, 297

   b) Ausschnitt von 500 bis 800 (Länge 15 cm),
      Zahlen: 500, 600, 700, 800, 550, 650, 750, 580, 640, 690, 770, 790

   c) Ausschnitt von 3000 bis 7000 (Länge 20 cm),
      Zahlen: 3000, 4000, 5000, 6000, 3500, 4200, 4600, 5300, 5700, 6750

Eine besondere Kehrschaufel
Stelle dir vor, die Streichhölzer bilden eine Kehrschaufel, auf der eine Scherbe liegt. Lege zwei Streichhölzer so um, daß die gleiche Schaufelform entsteht und die Scherbe neben der Schaufel liegt.

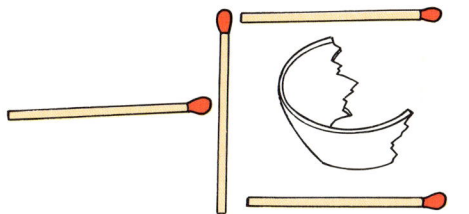 

1.3 Lesen und Schreiben von großen Zahlen

Zehnersystem

> Unser Zahlsystem heißt Zehnersystem. Es werden immer 10 Einheiten zu einer größeren Einheit gebündelt.

Stellenwerttafel

Millionen			Tausender					
HM	ZM	M	HT	ZT	T	H	Z	E
		3	7	0	5	8	3	0
	4	2	0	5	7	6	0	3
8	0	5	0	0	8	0	4	0

Lies:
3 Millionen 705 Tausend 830
42 Millionen 57 Tausend 603
805 Millionen 8 Tausend 40

Beachte: 3 705 830 ist die Kurzschreibweise für
$3 \cdot 1\,000\,000 + 7 \cdot 100\,000 + 0 \cdot 10\,000 + 5 \cdot 1000 + 8 \cdot 100 + 3 \cdot 10 + 0 \cdot 1$

Übungen

1. Zeichne eine Stellenwerttafel in dein Heft und trage ein:
   a) $8 \cdot 100 + 3 \cdot 10 + 9 \cdot 1$
   $3 \cdot 1000 + 8 \cdot 100 + 6 \cdot 10 + 0 \cdot 1$
   $6 \cdot 1000 + 2 \cdot 100 + 8 \cdot 10 + 2 \cdot 1$
   b) $7 \cdot 1\,000\,000 + 5 \cdot 10\,000 + 6 \cdot 100 + 3 \cdot 1$
   $3 \cdot 10\,000\,000 + 8 \cdot 100\,000 + 7 \cdot 100 + 5 \cdot 10$
   $4 \cdot 100\,000\,000 + 2 \cdot 10\,000 + 3 \cdot 1000 + 6 \cdot 1$

2. Schreibe die Zahlen in einer Stellenwerttafel und in Kurzform auf.
   a) 3 Millionen 234 Tausend 16
   34 Millionen 23 Tausend 156
   176 Millionen 4 Tausend 18
   63 Millionen 6 Tausend 38
   b) 37 Millionen 41 Tausend 723
   874 Millionen 230 Tausend 5
   378 Millionen 46 Tausend 26
   63 Millionen 65 Tausend 28

3. Schreibe die Zahlen als Zahlwort wie im Beispiel:
   13 408 069: dreizehn Millionen vierhundertachttausendneunundsechzig
   a) 17 209 048
   4 084 307
   9 004 006
   b) 57 029 860
   506 804 084
   709 056 083
   c) 258 043 163
   350 106 018
   403 906 017

4. Schreibe die Zahlen ausführlich.
   Beispiel: $603\,430 = 6 \cdot 100\,000 + 0 \cdot 10\,000 + 3 \cdot 1000 + 4 \cdot 100 + 3 \cdot 10 + 0 \cdot 1$
   a) 8 540
   1 307
   b) 35 078
   605 308
   c) 506 789 001
   102 300 040
   d) 303 030 303
   777 070 101

5. Ordne die Zahlen der Größe nach. Beginne mit der kleinsten.
   a) 606 712 005; 312 007 998; 104 568 935; 4 082 793; 740 876; 56 394
   b) 203 518 935; 3 082 093; 740 806; 51 393; 106 712 005; 322 000 998
   c) 2 087 092; 740 806; 106 712 003; 227 000 998; 31 292; 702 318 925

6. Ordne die Zahlen der Größe nach. Beginne mit der größten.
   a) 101 213 005; 513 007 998; 104 518 955; 4 083 295; 740 821; 51 594
   b) 305 518 955; 5 083 095; 740 806; 51 595; 106 713 005; 533 000 998
   c) 3 082 093; 240 801; 106 713 005; 337 000 998; 51 393; 203 518 935

**Millionen
Milliarden
Billionen**

1. Hättest du es gewußt?

2. a) Lies die folgende Zahl:
   95 860 321 087 509
   b) Wie sind die nebenstehenden Zahlen aufgebaut?

1 Million	1 000 000
10 Millionen	10 000 000
100 Millionen	100 000 000
1 Milliarde	1 000 000 000
10 Milliarden	10 000 000 000
100 Milliarden	100 000 000 000
1 Billion	1 000 000 000 000

Stellenwert-tafel

Billionen			Milliarden			Millionen			Tausender					
H	Z	E	H	Z	E	H	Z	E	H	Z	E	H	Z	E
	9	5	8	6	0	3	2	1	0	8	7	5	0	9
	2	0	7	0	3	8	9	2	0	4	6	0	1	7	3
	4	8	2	3	8	2	0	0	8	9	0	4	0	8	0
			4	0	7	1	8	0	9	1	2	3	4	0	5

Die erste Zahl heißt:
95 Billionen 860 Milliarden 321 Millionen 87 Tausend 509.

3. Lies die übrigen Zahlen der Stellenwerttafel.

4. Zeichne eine Stellenwerttafel bis zu einer Billion. Trage die Zahlen ein und lies die Zahlen.

Übungen

    a) 15 387 802   b) 145 081 302 801   c) 23 502 701 376 001
        38 980 808   745 080 530 006   2 409 000 870 708
       736 070 603   305 070 900 076   9 009 090 000 909

5. Schreibe mit Ziffern.

    a) 18 Tausend   b) 5 Millionen   c) 7 Milliarden   d) 8 Billionen
       120 Tausend   48 Millionen   16 Milliarden   47 Billionen
       900 Tausend   800 Millionen   900 Milliarden   600 Billionen

6. Schreibe mit Ziffern wie im Beispiel.

    Beispiel: 6 Milliarden 28 Tausend = 6 000 028 000

    a) 12 Millionen 48 Tausend   b) 12 Milliarden 423 Tausend
       38 Milliarden 3 Millionen   168 Milliarden 3 Millionen
       135 Billionen 25 Millionen   135 Billionen 25 Tausend

7. Lies die Zahlen:

a) 507 812 006 b) 56 780 045 345 c) 3 606 749 345 960
891 034 902 97 062 083 948 2 054 075 284 007
7 004 080 396 930 400 059 8 916 538 008 051

8. Schreibe in Ziffern. (T = Tausend, Mio = Million, Mrd = Milliarde)

Beispiel: 71 Mrd 5 Mio 16 T 5 = 71 005 016 005

a) 15 T 187 b) 5 Mio 363 T 736 c) 46 Mrd 12 Mio
305 T 38 18 Mio 4 T 61 68 Mrd 86 Mio
8 T 80 99 Mio 9 T 9 44 Mrd 4 Mio 44 T 4

9. Schreibe in Ziffern.

Beispiel: Dreihundertfünfundsechzig Millionen siebzehn = 365 000 017

a) sechshundertzweiunddreißigtausendneunhundertvier

b) siebenhundertachttausendsechzehn

c) dreihundertvier Millionen vierhundertachttausend

d) fünfhundertvier Milliarden dreiunddreißig Millionen

e) achtzehn Milliarden einhunderteins Millionen dreitausend

f) fünf Billionen vierzehn Milliarden zweihundertzwölf Millionen

10. Schreibe in Worten. Beachte dabei, daß Zahlen, die kleiner als eine Million sind, in einem Wort geschrieben werden.

a) 7 568 b) 745 340 000 c) 9 876 000 000
35 006 18 007 089 83 083 083 000
745 547 708 807 087 9 090 909 999

11. Wie viele Zahlen liegen zwischen

a) 345 und 416 b) 12 567 und 12 893 c) 345 678 und 346 225
758 und 823 34 538 und 34 704 809 423 und 810 271
2345 und 2648 60 567 und 61 395 799 345 und 801 263

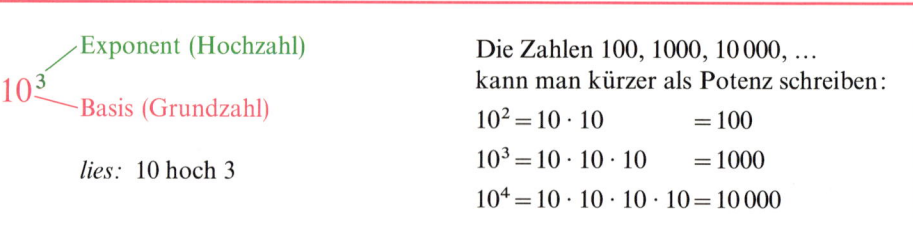

Zehnerpotenz
Grundzahl
Hochzahl

Die Zahlen 100, 1000, 10 000, ... kann man kürzer als Potenz schreiben:

$10^2 = 10 \cdot 10 = 100$
$10^3 = 10 \cdot 10 \cdot 10 = 1000$
$10^4 = 10 \cdot 10 \cdot 10 \cdot 10 = 10\,000$

12. Schreibe mit Zehnerpotenzen wie im Beispiel.

Beispiel: $30\,000 = 3 \cdot 10\,000 = 3 \cdot 10^4$

a) 600 b) 6000 c) 80 000 d) 800 000 e) 6 000 000
800 5000 10 000 200 000 5 000 000
400 9000 40 000 700 000 1 000 000
700 2000 60 000 500 000 9 000 000

1.4 Runden und Darstellen

	Zuschauerzahlen	Bildliche Darstellung
FC Bayern	43 465	🚶🚶🚶🚶 🕴🕴🕴 👤👤👤👤👤
1. FC Kaiserslautern	25 150	🚶🚶 🕴🕴🕴🕴🕴 👤👤
1. FC Köln	36 236	🚶🚶🚶 🕴🕴🕴🕴🕴🕴 👤👤

🚶 entspricht 10 000   🕴 entspricht 1000   👤 entspricht 100

1. Vergleiche die tatsächlichen Zuschauerzahlen mit der bildlichen Darstellung. Wie wurde gerundet?

> Große Zahlen kann man nur in gerundeter Form bildlich darstellen.
> Bei den Ziffern 0, 1, 2, 3, 4   Bei den Ziffern 5, 6, 7, 8, 9
>   runde ab!   runde auf!

Rundungs-regeln

Runde 38 627 auf Tausender   T
            38 627 ≈ 39 000
                 └─ Diese Stelle gibt an, wie gerundet wird.
              └─── Auf diese Stelle soll gerundet werden

Beispiel

2. Runde und stelle folgende Zuschauerzahlen bildlich dar.
   VfB Stuttgart (28 157)   Werder Bremen (35 475)   Karlsruher SC (26 238)

3. Runde   **Übungen**
   a) auf Zehner: 345   2 805   8 395   357 826   2 458 210
   b) auf Hunderter: 7 894   65 702   35 951   4 539 972   87 561 449
   c) auf Tausender: 52 789   25 498   30 651   4 539 672   37 521 546
   d) auf Millionen: 8 654 800 65 345 678 3 084 999 34 569 321 699 821 152

4. Runde
   a) auf Hunderter: 7 654   5 807   1 387   753 806   2 651 285
   b) auf Zehntausender: 804 794   65 302   35 351   659 997   8 561 469
   c) auf Millionen: 8 045 279 8 290 498 5 485 651 6 589 632 37 521 546
   d) auf Zehnmillionen: 4 656 805 25 345 671 7 086 979 84 069 021 693 127 852

5. Auf welche Stelle wurde gerundet. Überprüfe, ob richtig gerundet wurde.
   a) 768 ≈ 800   b) 653 789 ≈ 650 000   c) 37 594 321 ≈ 38 000 000
      9365 ≈ 9400   712 875 ≈ 710 000   60 325 786 ≈ 61 000 000
      6250 ≈ 6200   284 987 ≈ 280 000   99 740 005 ≈ 100 000 000

**Säulen-
diagramm**

6. Andrea und Matthias machten in ihrer Schule eine Umfrage. Das Ergebnis haben sie zeichnerisch in einem Säulendiagramm dargestellt.

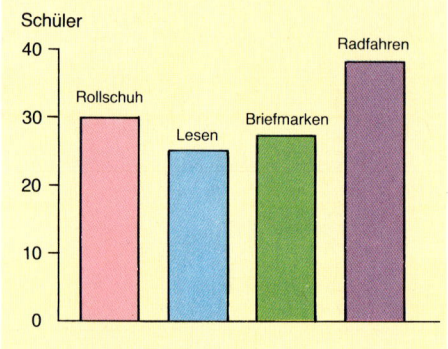

Lies ab, wie viele Schüler sich für ein bestimmtes Hobby gemeldet haben.

**Strecken-
diagramm**

7. a) Lies aus dem Streckendiagramm die Länge der Flüsse ab.
b) Wieviel Kilometer in der Natur entspricht ein Zentimeter (Millimeter) in der Zeichnung?
c) Übertrage das Streckendiagramm in dein Heft. Wähle für 100 km Flußlänge 1 cm in der Zeichnung.

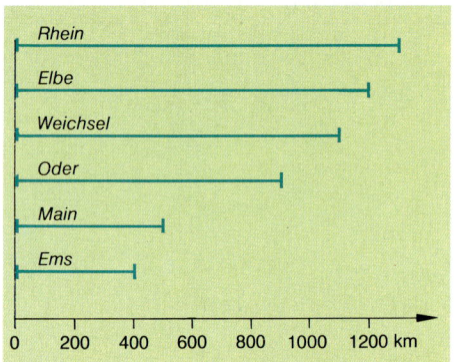

8. a) Runde die Längen der Flüsse auf 10 km genau.

Mosel	545 km	Main	524 km	Neckar	367 km	Lippe	255 km
Lahn	245 km	Ruhr	235 km	Sieg	130 km	Wupper	119 km
Nahe	116 km	Ahr	89 km				

b) Ordne die Längen der Größe nach und zeichne ein Streckendiagramm (1 km Flußlänge ≙ 1 mm Zeichnung).

9. a) Runde die Höhen der Berge auf 10 Meter genau.

Wasserkuppe (Rhön)	950 m	Feldberg (Taunus)	880 m
Kahler Asten (Rothaargebirge)	841 m	Erbeskopf (Hunsrück)	816 m
Hohe Acht (Eifel)	747 m	Donnersberg (Pfälzer Wald)	687 m
Katzenbuckel (Odenwald)	626 m	Geiersberg (Spessart)	585 m

b) Zeichne ein Streckendiagramm für die Höhen in dein Heft (100 m ≙ 1 cm).

10. Runde die Höhen der Berge auf 100 Meter genau und stelle sie in einem Streckendiagramm dar (100 m ≙ 2 mm).

Feldberg (Schwarzwald)	1493 m	Brocken (Harz)	1142 m
Wendelstein (Deutsche Alpen)	1837 m	Zugspitze (Deutsche Alpen)	2962 m
Watzmann (Deutsche Alpen)	2713 m	Großglockner (Österreich)	3797 m
Montblanc (Frankreich)	4807 m	Matterhorn (Schweiz)	4477 m

1.5 Andere Zahlsysteme

Römische Zahlzeichen

1. Wie spät ist es auf der Uhr?

1. Es dürfen höchstens drei gleiche Zeichen nebeneinander stehen. Ihre Zahlwerte werden addiert.	II = 2 XXX = 30 CCC = 300	**Regeln**
2. Ein kleiner Zahlwert **hinter** einem größerem Zahlwert wird **addiert**.	LXI = 61 XXVI = 26	
3. Ein kleiner Zahlwert **vor** einem größerem Zahlwert wird **subtrahiert**.	IV = 4 CDXCIV = 494	

2. In alten Fachwerkhäusern steht am Türbalken oft das Baujahr mit römischen Zahlzeichen. Lies die folgenden Inschriften.

Übungen

3. Schreibe im Zehnersystem.

   a) XXII   b) XXVII   c) XLV   d) MCM
      XIII   LXXIII   XLII   MCMLXXXVIII
      VII   LXXXV   XC   MCMXCV
      XV   LXXVII   XLVII   MDCCCLXXII

4. a) Schreibe die Zahlen von 1 bis 20 mit römischen Zahlzeichen.
   b) Schreibe die Zehnerzahlen von 10 bis 90 in römischer Darstellung.
   c) Schreibe die Hunderterzahlen von 200 bis 900 in römischer Darstellung.

5. Schreibe mit römischen Zahlzeichen.
   a) 1400   1500   1600   1700   b) 1650   1750   1850   1950
   c) 1680   1720   1910   1930   d) 1572   1648   1756   1803

6. a) Schreibe dein Geburtsjahr mit römischen Zahlzeichen.
   b) Schreibe das heutige Datum mit römischen Zahlzeichen.

7. Schreibe alle Zahlen auf, für die du genau zwei verschiedene römische Zahlzeichen brauchst.

8. Wie heißt die größte Zahl, die du mit genau drei verschiedenen römischen Zahlzeichen schreiben kannst?

Dualsystem Zweiersystem

Computer verwenden als Zahlensystem das Dualsystem[1]). Im Dualsystem werden immer zwei Einheiten zu der nächst höheren Einheit gebündelt.

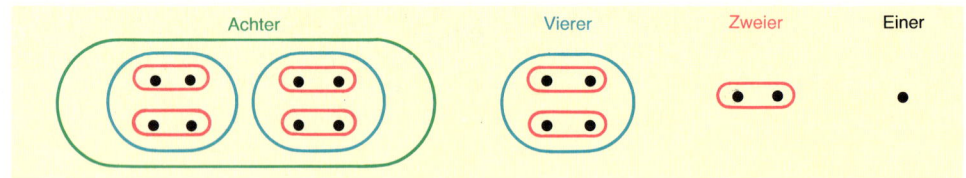

1. Tausche um, so daß du möglichst wenige Einheiten erhältst.

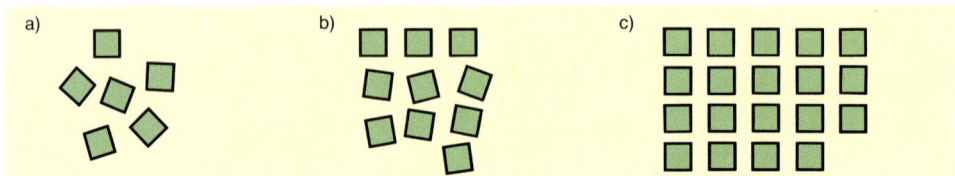

Im Dualsystem werden die natürlichen Zahlen mit den Ziffern 0 und 1 geschrieben.

Beispiel: 1101

lies: eins eins null eins
$1101 = 1 \cdot 8 + 1 \cdot 4 + 0 \cdot 2 + 1 \cdot 1 = 13$

Die Zahl 1101 aus dem Dualsystem ist die Zahl 13 im Zehnersystem.

Zehner-system	Dualsystem				
	16er	8er	4er	2er	1er
1					1
2				1	0
3				1	1
4			1	0	0
5			1	0	1
6			1	1	0
...					

Übungen

2. Wie heißen die dargestellten Zahlen im Zehnersystem?

a)
16er	8er	4er	2er	1er
1	0	0	1	1
	1	1	0	1
1	1	0	0	0
	1	0	1	0

b)
16er	8er	4er	2er	1er
	1	1	1	1
1	0	0	1	0
	1	1	1	0
1	1	0	1	0

3. Übersetze aus dem Zweiersystem ins Zehnersystem.

a) 1011   b) 1111   c) 10011   d) 11000   e) 101010   f) 111001
   1110   1101   10101   11010   110011   100011
   1001   1000   10001   10101   101001   110001

4. Schreibe die folgenden Zahlen im Zweiersystem wie im Beispiel.

$89 = 1 \cdot 64 + 0 \cdot 32 + 1 \cdot 16 + 1 \cdot 8 + 0 \cdot 4 + 0 \cdot 2 + 1 \cdot 1$
$89 = 1011001$

a) 13   18   24   29   31   b) 11   17   25   27   30
c) 37   42   53   54   60   d) 65   87   94   100 112
e) 147 160 175 194 207   f) 150 160 200 203 255

5. Bestimme im Zweiersystem
   a) den Nachfolger von   100   1010   11   101   10101   11001
   b) den Vorgänger von   111   1011   1001   10   110   11010

[1]) duo (lat.) = zwei

1.6 Übungen zur Wiederholung

1. Im Hallenbad in Ostheim ist am Eingang ein Drehkreuz mit Zählwerk angebracht.

Tag	Mo	Di	Mi	Do	Fr	Sa	So
Anzahl	0	578	673	509	427	638	824

a) Wie viele Besucher waren es in der ganzen Woche?
b) Stelle die Besucherzahlen im Säulendiagramm dar.

2. Katja glaubt, daß ihr Würfel zu selten eine Sechs zeigt. Lege eine Strichliste an. Was meinst du zu Katjas Vermutung?

1 1 4 6 1 2 4 5 4 2   6 5 4 6 3 3 5 1 1 5   6 5 2 4 6 1 2 1 5 6
3 1 6 5 4 5 1 2 3 2   6 3 2 4 6 1 2 1 5 4   1 3 4 6 2 2 3 4 5 2
1 3 4 6 2 4 3 5 5 2   3 2 6 3 1 3 4 3 3 4   3 5 6 5 5 5 1 2 4 2
6 5 2 4 6 2 1 1 5 6   1 3 4 6 1 2 3 4 5 2   2 3 4 6 5 2 3 1 5 2

3. a) Wie viele gerade Zahlen liegen zwischen 47 und 83?
b) Wie viele gerade Zahlen von 40 bis 90 haben als Endziffer eine 6?
c) Welche gerade Zahlen zwischen 30 und 75 lassen sich durch 6 teilen?

4. a) Wie viele ungerade Zahlen liegen zwischen 20 und 80?
b) Schreibe alle ungeraden Zahlen zwischen 30 und 70 auf. Welche dieser Zahlen sind durch 5 (9, 11) teilbar?

5. a) Schreibe alle Siebenerzahlen auf, die kleiner sind als 99.
b) Welche dieser Siebenerzahlen sind auch Fünferzahlen (Sechserzahlen)?
c) Wie heißt die kleinste (größte) dreistellige Siebenerzahl?
d) Wie heißt die kleinste (größte) vierstellige Siebenerzahl?

Lösungen von Aufgabe 1 bis 5
5 7 14 18 18 19 19 20 21 21 23 28 30 31 33 33 35 35 35 35 36 37 39 41 42
42 42 43 45 45 45 47 48 49 49 51 53 54 55 55 55 56 57 59 60 61 63 63 63
65 65 66 67 69 70 70 72 77 84 84 91 98 105 994 1001 3649 9996

6. Ordne die Zahlen der Größe nach. Beginne mit der größten Zahl.
Beispiel: 23 > 16 > 10 > 4
a) 17, 19, 12, 75   b) 85, 36, 91, 37   c) 6342, 49 366, 5370, 9034   d) 73, 47, 83, 51
e) 6342, 49 366, 5370   f) 9909, 90 999, 90 009, 9999

7. Schreibe die Zahlen als Zahlwort.
Beispiel: 23 708 062
dreiundzwanzig Millionen siebenhundertachttausendzweiundsechzig
a) 54 209 031   b) 97 269 308   c) 73 029 860   d) 251 043 163   e) 9 004 006
   4 083 307   8 086 204   506 103 054   350 506 018   309 056 087

8. Schreibe die Zahlen wie im Beispiel.
Beispiel: $503\,480 = 5 \cdot 100\,000 + 0 \cdot 10\,000 + 3 \cdot 1000 + 4 \cdot 100 + 8 \cdot 10 + 0 \cdot 1$
a) 8640   b) 59 078   c) 606 789 006   d) 908 486 001   e) 503 050 303
   9307   606 508   902 209 029   603 400 500   407 085 509

2 Rechnen mit natürlichen Zahlen I

2.1 Addieren und Subtrahieren

Sabine und Uwe spielen mit zwei Würfeln. Jeder Wurf bedeutet eine zweistellige Zahl: ⚀⚁ heißt 24 oder 42. Sie würfeln zweimal hintereinander und addieren die beiden Zahlen. Wer der Zahl 80 am nächsten kommt, hat die Runde gewonnen.

1. Sabine fängt an und würfelt ⚀⚂. Sie wählt 31 und trägt diese Zahl in ihre Tabelle ein. Der zweite Wurf zeigt ⚅⚁. Soll Sabine 26 oder 62 wählen?

2. Uwe würfelt ⚄⚄ und dann ⚀⚁. Welche Zahlen schreibt er auf?

3. Sabine und Uwe spielen fünf Runden. Vervollständige ihre Tabellen in deinem Heft. Wer hat die meisten Runden gewonnen?

	Addieren	Subtrahieren
	1. Zahl + 2. Zahl = Würfelergebnis	Unterschied zu 80 = Ergebnis
Sabine	31 + 62 = 93	93 − 80 = 13
Uwe	55 + 24 = 79	80 − 79 = 1
Sabine	44 + 31 = 75	80 − 75 = 5
Uwe	34 + ⚅⚄	
Sabine	63 + 45 =	
Uwe	63 + ⚀⚁	
Sabine	21 + 52 =	
Uwe	24 + ⚂⚀	
Sabine	36 + 46 =	
Uwe	51 + ⚄⚁	

4. Spiele mit deinem Nachbarn einige Runden. Lege eine Spieltabelle an.

Übungen

5. Hannes und Kathrin spielen mit drei Würfeln. Jeder Wurf bedeutet eine dreistellige Zahl.
   Beispiel: ⚂ ⚀ ⚃ heißt 134 oder 143 oder 314 oder 341 oder 413 oder 431.
   Sie würfeln zweimal hintereinander und addieren die beiden gewählten Zahlen. Wer der Zahl 1000 am nächsten kommt, hat gewonnen.
   a) Wähle die zweite Zahl möglichst günstig und berechne das Ergebnis. Wer gewinnt?
   Beispiel: 452+421=873; 1000−873=127.

	Hannes		Kathrin	
	1. Wurf	2. Wurf	1. Wurf	2. Wurf
1. Runde	452	⚀⚂⚃	513	⚅⚀⚂
2. Runde	332	⚂⚄⚂	464	⚂⚃⚂
3. Runde	613	⚄⚄⚀	321	⚅⚂⚀
4. Runde	441	⚂⚃⚂	423	⚃⚂⚃
5. Runde	522	⚅⚄⚅	654	⚀⚀⚀

25	+	12	=	37	**Addieren**
Summand		**Summand**		**Summe**	**Summe**

1. Schreibe die Summanden und die Summe auf.

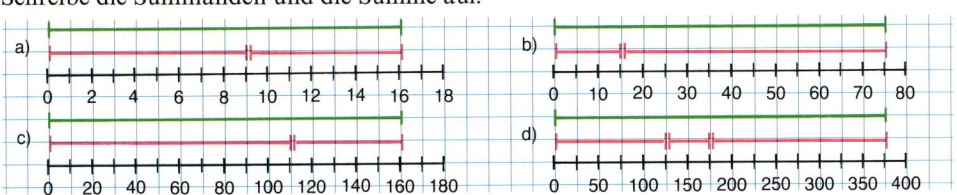

2. Berechne die Summe oder den fehlenden Summanden.   **Übungen**

a) $17 + 6 = \blacksquare$ b) $15 + \blacksquare = 38$ c) $47 + 23 = \blacksquare$ d) $\blacksquare + 14 = 76$

e) $24 + 7 + 16 = \blacksquare$ f) $19 + 7 + \blacksquare = 34$ g) $26 + \blacksquare + 6 = 50$ h) $\blacksquare + 13 + 18 = 92$

3. Wie heißt die Summe der Zahlen 324 und 176?

4. Die Summanden heißen 89 und 634. Berechne die Summe.

5. Der erste Summand ist 305. Die Summe ist 732. Wie heißt der zweite Summand?

6. Addiere die Zahlen 72, 165 und 412.

7. Berechne die Summe von 267 und 54. Addiere dazu die Zahl 679.

8. a) Um wieviel cm steht der Stab über?   b) Wie weit ist es von Koblenz nach Köln?   **Subtrahieren**

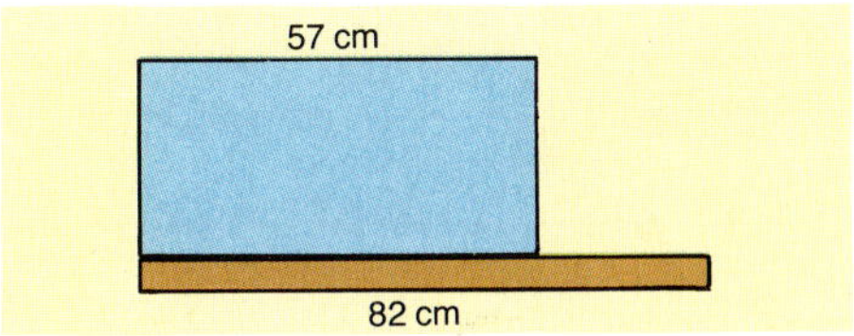

37	−	12	=	25	**Differenz**
Minuend		**Subtrahend**		**Differenz**	

9. a) Subtrahiere von der Zahl 78 die Zahl 35.   **Übungen**
   b) Subtrahiere von der Zahl 165 die Zahl 49.

10. a) Subtrahiere 75 von 498.   b) Subtrahiere 99 von 188.
   c) Subtrahiere 145 von 260.   d) Subtrahiere 111 von 233.

11. Berechne die Differenz der beiden Zahlen.

   a) 89 und 18   b) 65 und 56   c) 120 und 85   d) 750 und 570
   e) 76 und 23   f) 72 und 48   g) 230 und 78   h) 930 und 275

12. a) Von welcher Zahl muß man 70 subtrahieren, um die Differenz 50 zu erhalten?
   b) Von welcher Zahl muß man 230 subtrahieren, um die Differenz 520 zu erhalten?
   c) Von welcher Zahl muß man 135 subtrahieren, um die Differenz 135 zu erhalten?

1. Rechne im Kopf

a) 41 + 18
27 + 35
55 + 19
38 + 54

b) 94 + 82
87 + 53
76 + 84
23 + 98

c) 14 + 56 + 15
19 + 41 + 52
63 + 17 + 46
34 + 86 + 84

d) 45 + 73 + 12
83 + 18 + 29
67 + 44 + 99
93 + 89 + 48

2. a) 60 + 130
50 + 190
80 + 240

b) 120 + 170
250 + 580
860 + 340

c) 235 + 460
720 + 185
555 + 640

d) 1400 + 750
2600 + 480
5700 + 2400

3.

							a)	b)	c)	d)	e)	f)
12	34	21	86	105	147	+	35	19	54	69	117	165

4. a) 46 − 32
58 − 25
86 − 45
69 − 51

b) 50 − 18
40 − 29
70 − 34
90 − 17

c) 42 − 28
56 − 39
61 − 45
76 − 38

d) 128 − 65
157 − 97
236 − 81
345 − 74

e) 260 − 125
380 − 264
620 − 172
530 − 261

5.

							a)	b)	c)	d)	e)	f)
380	560	687	809	610	1000	−	34	56	82	49	152	237

6. Subtrahiere die Zahlen in jeder Schlange. Schreibe die Ergebnisse auf und addiere sie. Die Summe ist eine „runde" Zahl.

7. Schreibe in deinem Heft mit + oder −.

a) 75 ▧ 38 ▧ 13 = 50
b) 88 ▧ 46 ▧ 84 = 50
c) 80 ▧ 50 ▧ 55 ▧ 15 = 100
d) 120 ▧ 35 ▧ 90 ▧ 35 = 100
e) 200 ▧ 150 ▧ 400 ▧ 250 = 500
f) 750 ▧ 600 ▧ 125 ▧ 475 = 500

8. Vervollständige die Rechnungen in deinem Heft. Die Summanden findest du im ersten Kasten. Die Summen findest du im zweiten Kasten. Wenn du richtig rechnest, ergeben die Buchstaben bei den Summen ein Lösungswort.

34 + ▧ = ▧
43 + ▧ = ▧
55 + ▧ = ▧
77 + ▧ = ▧
81 + ▧ = ▧
89 + ▧ = ▧

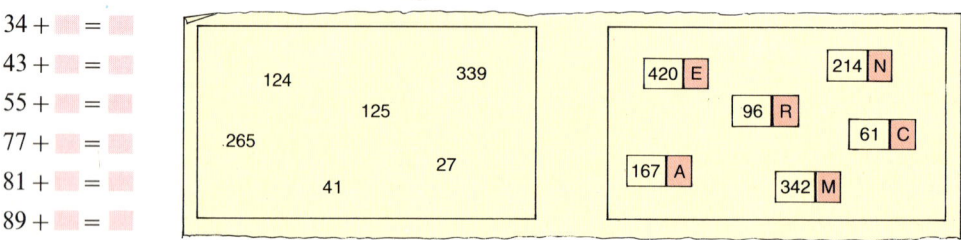

Umkehraufgaben

1. Rechne auf verschiedene Arten.

2. Bestimme in beiden Aufgaben die fehlenden Zahlen und vergleiche.

   a) 14 + ▨ = 39 b) 25 + ▨ = 90 c) ▨ + 63 = 185 d) ▨ + 276 = 500
   39 − 14 = ▨   90 − 65 = ▨   185 − 63 = ▨   500 − 224 = ▨

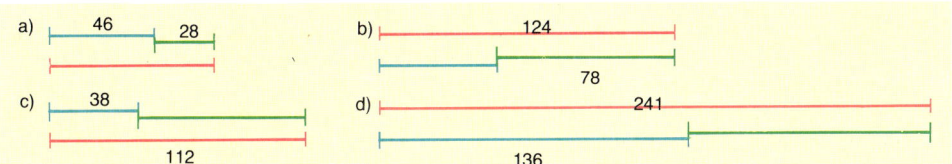

	Addieren		Subtrahieren
	25 + 12 = 37	Umkehraufgaben	37 − 12 = 25
			37 − 25 = 12

Umkehraufgaben

3. Schreibe zu jedem Bild drei Rechenaufgaben.

   Übungen

   a) 46   28
   b) 124   78
   c) 38   112
   d) 241   136

4. Subtrahiere. Kontrolliere das Ergebnis durch Addieren.

   a) 58 − 35   b) 171 − 130   c) 2000 − 450   d) 1400 − 280
      74 − 31   363 − 240   4500 − 1300   2500 − 1475
      83 − 54   520 − 370   3200 − 2300   10000 − 9090
      95 − 36   760 − 180   7100 − 6500   12000 − 2100

5. Schreibe Umkehraufgaben auf. Berechne die fehlende Zahl.

   a) 43 + ▨ = 58   b) ▨ − 47 = 23   c) ▨ + 52 = 95   d) 76 − ▨ = 25
      17 + ▨ = 90   ▨ − 83 = 56   ▨ + 65 = 120   110 − ▨ = 48
      34 + ▨ = 88   ▨ − 67 = 99   ▨ + 78 = 150   250 − ▨ = 85

6. Ergänze auf den nächsten Hunderter.

   Beispiel: 431 + ▨ = 500

   ```
   431 +   9 = 440
   440 +  60 = 500
   ```
   Ergebnis: 431 + 69 = 500

   a) 274   b) 529   c) 1368   d) 1508
      152   307   1512   2431
      323   841   1022   5011

7. Ergänze die Zahlen auf den nächsten Tausender.

   a) 925   b) 437   c) 2850   d) 8675   e) 5155   f) 9209

Vermischte Übungen

1. a) 255 + 132   b) 356 + 234   c) 140 + 520 + 360   d) 2400 + 1210
   305 + 192   763 + 137   670 + 150 + 95   5350 + 2480
   456 + 323   444 + 556   290 + 505 + 470   3720 + 6098
   291 + 405   594 + 406   680 + 83 + 370   8074 + 1966

2. a) 58 − 35   b) 31 − 18   c) 88 − 59   d) 285 − 174   e) 534 − 218
   74 − 31   63 − 47   91 − 64   365 − 175   842 − 371
   83 − 58   78 − 29   105 − 78   608 − 468   935 − 283
   84 − 48   95 − 36   212 − 93   851 − 119   895 − 596

3. a) Setze am Schwanz eine Zahl ein. Welche Zahl spuckt das Krokodil aus?

   b) Setze nacheinander drei Zahlen ein. Was fällt dir auf?

4. Ergänze zum nächsten Hunderter.   Beispiel: 2165 + 35 = 2200
   a) 245   168   374   514   721   b) 911   1268   1701   2435   902
   c) 3055   7108   6919   3841   8454   d) 10 283   12 409   10 937   54 299   121 672

5. Ergänze zum nächsten Tausender.
   a) 825   295   1650   3475   2106   b) 8451   9709   13 645   21 040   30 712
   c) 35 229   42 408   87 891   63 107   74 008   d) 105 350   156 215   350 711   999 199

6. Schreibe zu jedem Bild eine Rechenaufgabe.

   a) 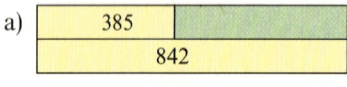   b)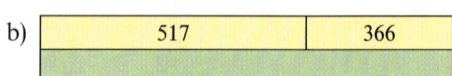

   c) 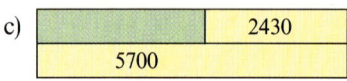   d)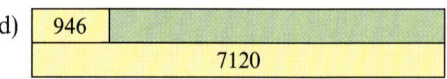

7. Klasse 5a hat 24 Schüler, Klasse 5b hat 29 Schüler. Wie viele Schüler sind es bei einem gemeinsamen Ausflug?

8. a) Für einen Diavortrag werden im Vorverkauf 139 Karten und an der Abendkasse 78 Karten verkauft. Wie viele Zuhörer sind im Saal?
   b) Der Saal faßt 345 Personen. Wie viele Plätze sind frei?

9. Am Schulkopierer werden nacheinander 35, 52, 18 und 156 Kopien gemacht.
   a) Wie viele Kopien sind insgesamt hergestellt worden?
   b) Vorher wurden 500 Blatt eingelegt. Wieviel Papier ist noch im Kopierer?

10. An einem Wettkampf nehmen 134 Schülerinnen und Schüler teil. 46 Teilnehmer erhalten eine Ehrenurkunde und 39 Teilnehmer eine Urkunde. Wie viele gingen leer aus?

11. Addiere im Heft. Wie heißt die oberste Zahl im Turm?

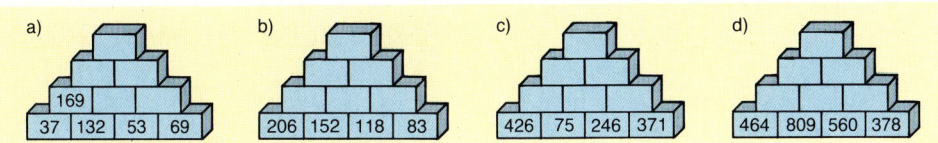

12. Schreibe die nächsten vier Zahlen auf.
  a) 18, 25, 32, ...   b) 23, 39, 55, ...   c) 95, 87, 79, ...   d) 150, 137, 124, ...
  e) 32, 61, 90, ...   f) 625, 550, 475, ...   g) 54, 175, 296, ...   h) 9099, 8085, 7071, ...

13. Ersetze den Platzhalter.
  a) 35 + ■ = 91   b) 74 − ■ = 47   c) ■ + 28 = 102   d) 143 − ■ = 83
  e) ■ + 140 = 730   f) 840 − ■ = 580   g) ■ + 350 = 910   h) ■ − 270 = 950

14. Hier mußt du immer subtrahieren. Wie heißt die unterste Zahl im Turm?

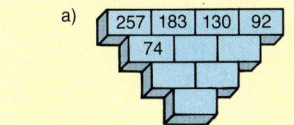 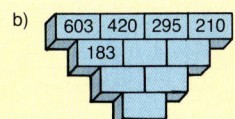 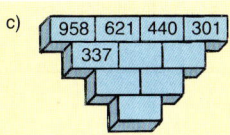

15. Frau Metzler ist auf Geschäftsreise. Am ersten Tag fährt sie 241 km, am zweiten Tag 168 km. Am dritten Tag notiert sie 316 km. Wieviel km ist sie insgesamt gefahren?

16. Bei einem Ausflug der Klassen 5 gehen 78 Schüler und drei Lehrerinnen mit. An der Bergbahn fahren 27 aus der Gruppe mit der ersten Gondel und 34 mit der zweiten Gondel. Wie viele aus der Gruppe fahren mit der dritten Gondel?

17. Silvia hat in ihrer Spardose ein 5-DM-Stück, drei 1-DM-Stücke, drei 50-Pf-Stücke und acht 10-Pf-Stücke. Wieviel fehlt ihr noch für den Kauf eines Buches für 12,80 DM?

18. a) Familie Busch macht einen Besuch bei Verwandten. Vor dem Fahrstuhl überlegen sie, ob alle einsteigen dürfen. Sie wiegen 91 kg, 72 kg, 65 kg und 47 kg.
b) Drei Männer wiegen 72 kg, 84 kg und 67 kg. Dürfen sie noch eine Kiste mit 80 kg in den Fahrstuhl hineinnehmen?

19. In einer Süßmosterei werden in einen Tank nacheinander 1400 l, 7800 l, 3200 l und 2700 l Saft gefüllt. Die Tankuhr zeigt danach 18 500 l an. Wieviel war vorher schon im Tank?

20. Schreibe das Zahlenband in dein Heft. Berechne fünf weitere Zahlen.
  a) | 1 | 2 | 3 | 5 | | b) | 5 | 10 | 15 | | c) | 18 | 27 | 45 | | d) | 110 | 125 | 235 | |

21. Gib für jede Aufgabe fünf Möglichkeiten an.
  a) ■ + ▲ = 61   b) ■ − ▲ = 45   c) ■ + ▲ = 430   d) ■ − ▲ = 990
  e) 15 + ■ < 21   f) 38 − ■ > 24   g) ■ + 93 < 120   h) ■ − 197 < 13

2.2 Rechengesetze und Rechenvorteile

1. Martina meint, daß sie die Aufgabe einfacher gelöst hat.
Wie würdest du rechnen? Begründe deine Antwort.

2. Rechne vorteilhaft. Setze in Klammern, was zuerst gerechnet wird.

   a) 17 + 73 + 29
      41 + 39 + 56

   b) 45 + 38 + 52
      77 + 45 + 25

   c) 25 + 18 + 15
      54 + 28 + 36

   d) 120 + 56 + 80
      260 + 88 + 40

Vertauschungsgesetz (Kommutativgesetz)

> Beim Addieren darf man die Summanden vertauschen.
>
> $\underbrace{7 + 85}_{92} = \underbrace{85 + 7}_{92}$

Verbindungsgesetz (Assoziativgesetz)

> Beim Addieren darf man die Summanden beliebig zusammenfassen. Das Ergebnis ändert sich dabei nicht.
>
> (15 + 12) + 20 = 15 + (12 + 20)
>   47 = 47

3. Überprüfe, ob die Regeln beim Subtrahieren auch gelten. Beachte: Was in Klammern steht, wird zuerst berechnet.

   a) 78 − (19 − 6)
      (78 − 19) − 6

   b) 46 − (24 − 18)
      (46 − 24) − 18

   c) (82 − 45) − 23
      82 − (45 − 23)

   d) (56 − 38) − 21
      56 − (21 − 38)

Übungen

4. Setze die Klammern so, daß du vorteilhaft rechnen kannst.

   Beispiel:
       17 + 65 + 25
   = 17 + (65 + 25)
   = 17 + 90
   = 107

   a) 46 + 57 + 43
      38 + 52 + 25
      24 + 33 + 67
      46 + 54 + 48

   b) 46 + 34 + 28
      63 + 17 + 37
      55 + 45 + 35
      87 + 63 + 37

   c) 78 + 29 + 51
      118 + 72 + 19
      93 + 147 + 60
      78 + 109 + 91

   d) 66 + 33 + 67
      48 + 149 + 51
      238 + 82 + 146
      316 + 74 + 126

5. Berechne und vergleiche. Klammern werden zuerst berechnet.

   a) 12 + (5 + 23) und (12 + 5) + 23
   b) (65 − 41) − 16 und 65 − (41 − 16)
   c) 89 − (62 − 17) und (89 − 62) − 17
   d) (480 + 155) + 75 und 480 + (155 + 75)
   e) 85 + (402 + 63) und (85 + 402) + 63
   f) (799 − 416) − 68 und 799 − (416 − 68)

6. Zerlege eine der beiden Zahlen und rechne.   Beispiel:

a) 98 + 46   b) 67 + 198   c) 156 + 197
   26 + 99   297 + 78   296 + 344
   94 + 87   95 + 197   498 + 265

```
  97 +  85
= 97 + ( 3 + 82)
=(97 + 3) + 82
= 182
```

7. Vertausche die Zahlen. Setze die Klammern so, daß du vorteilhaft rechnen kannst.   Beispiel:

```
  13 + 38 + 62 + 77
=(13 + 77) + (38 + 62)
=     90   +   100
= 190
```

a) 47 + 35 + 33 + 65
   56 + 24 + 18 + 42
   63 + 23 + 57 + 27
   45 + 44 + 35 + 66

b) 39 + 24 + 61 + 66
   75 + 60 + 25 + 14
   88 + 32 + 12 + 68
   76 + 56 + 34 + 24

c) 46 + 73 + 64 + 37
   68 + 95 + 62 + 15
   99 + 112 + 88 + 11
   123 + 97 + 77 + 23

8. Schreibe zu jedem Rechenbaum eine Aufgabe mit Klammern.

a)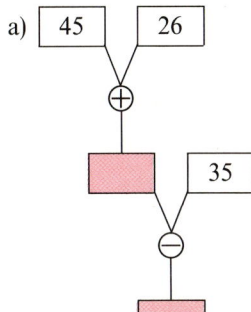

b)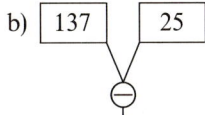

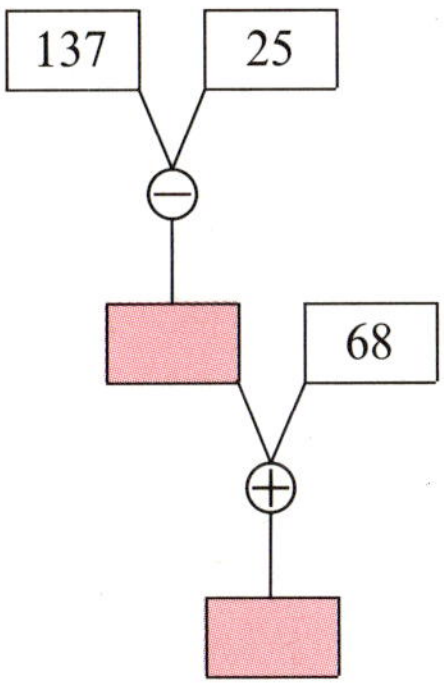

c)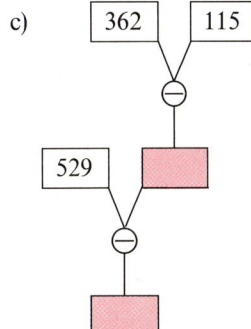

9. a) 56 + 42 + 33 + 24 + 58
       28 + 75 + 15 + 86 + 32
       87 + 65 − 42 + 77 − 89

   b) 225 − (67 + 31 + 89 + 33)
      (87 + 105 + 23) − (45 + 170)
      450 − (73 + 82 + 27) − 120

10. Wahr (w) oder falsch (f)?

a) (17 + 14) + 19 = 17 + (14 + 19)
   56 − (24 − 13) = (56 − 24) − 13
   98 − (43 + 27) = (98 − 43) + 27

b) 25 + (67 − 58) = (25 + 67) − 58
   (83 − 57) − 26 = 83 − (57 − 26)
   111 + (69 + 201) = (111 + 69) + 201

11. Ersetze den Platzhalter richtig.   Beispiel:

```
(17 +  ▨ ) + 8 = 28
(17 + 3 ) + 8 = 28
```

a) (13 + ▨) + 25 = 40
   26 + (11 + ▨) = 46
   (65 − 27) − ▨ = 12

b) 47 − (▨ + 28) = 14
   ▨ − (19 + 37) = 21
   (67 − ▨) − 26 = 0

12. Berechne und vergleiche. Was fällt dir auf?

a) (75 − 32) − 18
   75 − (32 − 18)

b) 86 − (45 − 27)
   (86 − 45) − 27

c) 98 − (43 + 25)
   (98 − 43) + 25

d) (166 − 47) − 32
   166 − (47 − 32)

13. a) Woran sieht man in der Additionstafel, daß die Addition kommutativ ist?
b) Warum bleibt in der Subtraktionstafel das gelbe Feld leer?
c) Wie lautet das Ergebnis, wenn man zu einer Zahl die Null addiert?
d) Was erhält man, wenn man von einer Zahl die Null subtrahiert?

+	0	1	2	3	4
0	0	1	2	3	4
1	1	2	3	4	5
2	2	3	4	5	6
3	3	4	5	6	7
4	4	5	6	7	8

−	0	1	2	3	4
0	0				
1	1	0			
2	2	1	0		
3	3	2	1	0	
4	4	3	2	1	0

kommutativ
assoziativ

14. Rechne vorteilhaft mit den Rechenregeln.
Vertauschungsregel (Kommutativgesetz)
Klammern setzen (Assoziativgesetz)

Beispiel: $74 + 128 + 46$
$= 74 + 46 + 128$
$= (74 + 46) + 128$
$= 120 + 128$
$= 248$

a) $117 + 56 + 73$
$431 + 87 + 33$
$49 + 277 + 81$

b) $245 + 63 + 75 + 37$
$304 + 108 + 32 + 66$
$898 + 102 + 75 + 133$

c) $340 + 62 + 154 + 46 + 18$
$523 + 81 + 205 + 19 + 37$
$442 + 139 + 85 + 558 + 95$

15. Bei einigen Rechnungen fehlen Klammern. Setze die Klammern in deinem Heft richtig.

a) $12 - 20 - 16 = 8$
$34 + 17 - 8 = 43$
$85 - 40 - 30 = 75$

b) $56 - 24 + 6 = 26$
$96 - 36 - 20 = 80$
$87 - 19 - 41 = 27$

c) $62 - 36 + 88 = 114$
$120 - 55 + 65 = 0$
$270 - 78 + 42 = 150$

16. Gib an, ob es sich um eine Summe oder eine Differenz handelt. Berechne.

Beispiel: $(76 - 23) - (14 + 37)$
  Differenz   Summe
$= 53 - 51$
  Differenz
$= 2$

a) $(87 - 25) + 36$
$92 - (45 + 13)$
$(75 - 27) - 18$
$(84 + 38) - 42$

b) $(26 + 45) + (63 - 18)$
$(83 - 26) - (43 + 23)$
$(91 - 35) + (91 - 48)$
$(67 + 83) - (75 + 28)$

c) $(74 - 45) - (51 - 38)$
$(140 - 67) + (72 - 38)$
$(270 - 35) - (48 + 57)$
$(160 - 45) + (67 + 43)$

17. Schreibe mit Klammern und berechne.
Beispiel: Subtrahiere von der Zahl 57 die Summe der Zahlen 18 und 13.

$57 - (18 + 13) = 57 - 31 = 26$

a) Addiere zur Zahl 45 die Differenz der Zahlen 34 und 19.
b) Subtrahiere die Summe der Zahlen 24 und 18 von der Zahl 73.
c) Addiere zur Zahl 37 die Summe der Zahlen 56 und 63.

18. a) Subtrahiere von der Summe der Zahlen 67 und 29 die Summe der Zahlen 33 und 48.
b) Subtrahiere von der Differenz der Zahlen 105 und 35 die Summe der Zahlen 34 und 9.
c) Addiere zur Differenz der Zahlen 854 und 172 die Differenz der Zahlen 238 und 98.

2.3 Schriftliches Addieren und Subtrahieren

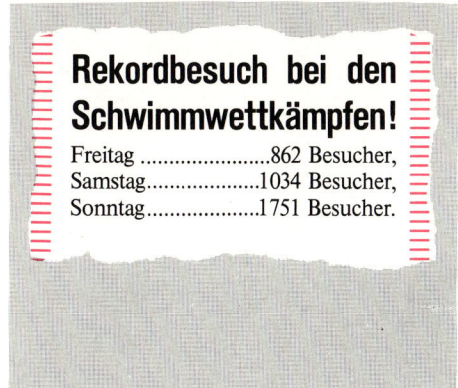

Rekordbesuch bei den Schwimmwettkämpfen!
Freitag ....862 Besucher,
Samstag ....1034 Besucher,
Sonntag ....1751 Besucher.

Schriftliches Addieren

Wir berechnen, wie viele Zuschauer an den drei Tagen kamen:

```
  THZE       sprich:                    Kontrolliere die Rechnung, indem du
   862       Einer:       1  5  7       von oben nach unten addierst.
  1034       Zehner:      5  8 14
 +1751       Hunderter:   8 16
   11        Tausender:   2  3
  3647
```

Ergebnis: Zu den Schwimmwettkämpfen kamen insgesamt 3647 Besucher.

Übungen

1. a) 583 + 245 b) 729 + 647 c) 1964 + 208 d) 18362 + 875 e) 6720 + 24568 f) 590028 + 9984

2. a) 524 + 143 + 207 b) 812 + 674 + 63 c) 513 + 2789 + 1078 d) 7408 + 846 + 52 e) 12315 + 4078 + 78207 f) 673 + 23500 + 5474

3. a) 3126 + 1709 + 24612 + 11970 + 42574
   b) 86420 + 124387 + 114850 + 278656 + 64876
   c) 945482 + 72708 + 126413 + 307285 + 412896
   d) 46325 + 31508 + 129435 + 17214 + 802482
   e) 3278521 + 40275 + 600823 + 255317 + 7082
   f) 4705 + 815900 + 72 + 5223751 + 56213

4. Schreibe untereinander und addiere schriftlich.
   a) 748 + 336 + 256 + 129 + 705
   b) 1240 + 512 + 388 + 26 + 3127
   c) 524 + 36 + 8204 + 1073 + 749
   d) 85317 + 8270 + 11724 + 6408 + 524
   e) 28412 + 62703 + 7610 + 6759 + 10237
   f) 1483 + 32982 + 304 + 14817 + 4294

5. Herr Klein schreibt abends immer auf, wieviel Kilometer jedes Taxi gefahren ist.
   a) Wieviel Kilometer ist jedes Taxi in der Woche gefahren?
   b) Wieviel Kilometer wurden insgesamt gefahren?

Taxi	Mo	Di	Mi	Do	Fr	Sa	So
1	478	1204	654	829	207	1076	877
2	712	573	853	0	1690	933	1464
3	78	731	583	390	877	1587	931
4	344	832	614	379	936	876	1864

Schriftliches Subtrahieren

Zu Beginn der Ferien hat Markus einen Kilometerstand von 5873 aufgeschrieben. Das Bild zeigt den Tachometer am Ende der Ferien.
Wir berechnen, wieviel Kilometer Markus in den Ferien gefahren ist.

```
  T H Z E
    6 1 2 7
  − 5 8 7 3
    1 1
    2 5 4
```

sprich:
3 plus **4** gleich 7
7 plus **5** gleich 12
9 plus **2** gleich 11
6 plus **0** gleich 6

Beim schriftlichen Subtrahieren wird die untere Zahl zur oberen ergänzt.

Kontrolliere das Ergebnis durch eine Addition.

Ergebnis: Markus ist 254 km gefahren.

Übungen

1. a) 948 − 315   b) 694 − 321   c) 1275 − 843   d) 24 705 − 1 327   e) 20 305 − 8 956   f) 11 385 − 9 482

2. a) 7428 − 845   b) 5473 − 2605   c) 10 720 − 3 476   d) 23 008 − 963   e) 215 310 − 108 950   f) 98 354 − 87 938

3. Schreibe untereinander und subtrahiere schriftlich.
   a) 386 − 245   b) 738 − 264   c) 3612 − 553   d) 6045 − 832
   e) 5748 − 98   f) 43 276 − 5738   g) 192 507 − 63 472   h) 675 003 − 8730

4. Berechne die Differenz von
   a) 126 483 und 82 627   b) 503 274 und 12 928   c) 264 500 und 2729
   d) 1 328 227 und 46 583   e) 2 019 300 und 109 768   f) 4 003 250 und 2 990 375

5. Als Frau Schiefer ihr Auto gekauft hat, zeigte der Tachometer 35 781 km. Jetzt zeigt er 88 462 km. Wieviel Kilometer ist Frau Schiefer gefahren?

6. Frau Bastian kauft ein neues Auto für 17 458 DM. Ihr altes Auto wird mit 5860 DM in Zahlung genommen. Wieviel muß sie bezahlen?

7. Bei einer Spendenaktion für ein herzkrankes Kind werden 12 752 DM gesammelt. 4835 DM gehen an die Klinik. Den anderen Teil erhält die Familie.

8. Herr Bleicher hat 2583 DM auf seinem Konto. Er überweist 278 DM für eine Rechnung und 1047 DM für die neue Waschmaschine. Wieviel DM sind noch auf dem Konto?

9. a) 879 − 245 − 113   b) 8054 − 1520 − 6732   c) 23 507 − 7263 − 834
   735 − 81 − 534   9643 − 7263 − 909   613 528 − 52 386 − 500 740
   3621 − 356 − 1203   12 601 − 856 − 8079   392 172 − 375 098 − 17 073
   6502 − 87 − 5829   15 142 − 9650 − 1069   700 200 − 719 − 500 488

10. a) 2964 − 983 − 467 − 526   b) 245 721 − 8639 − 9756 − 2008
    8627 − 2586 − 908 − 3738   467 241 − 204 753 − 68 584 − 54 896
    12 305 − 4859 − 3217 − 2060   613 246 − 236 729 − 7493 − 49 738

1. Wieviel Kilometer sind es von Trier nach Mainz
   a) über Idar-Oberstein,
   b) über Koblenz,
   c) über Saarbrücken,
   d) über Kaiserslautern?

Vermischte Übungen

2.
a)	b)	c)	d)	e)	f)
44 791	7 326	46 877	10 825	138 702	888 888
11 793	485	44 911	231 051	23 302	77 777
8 012	27 399	9 950	42 020	3 859	6 666
+ 6 327	+ 8 723	+13 269	+ 659	+ 36 520	+ 555

3.

						a)	b)	c)	d)	e)
78 589	63 580	90 506	245 371	840 500	−	3 523	9 219	34 780	62 394	55 804

4. Berechne und kontrolliere.
   a) $8791 + 1361 + 20101 + 17138$
   b) $48932 + 7889 + 6998 + 32024$
   c) $35976 + 8872 + 10285 + 47882$
   d) $18279 + 9675 + 35701 + 4358$
   e) $131780 - 44026 - 38986 - 17644$
   f) $124124 - 38780 - 18084 - 8032$
   g) $140991 - 5305 - 14233 - 44611$
   h) $100951 - 20943 - 2065 - 74748$

5. Bilde Summen entlang der Linien. Weshalb ist das ein Zauberquadrat?

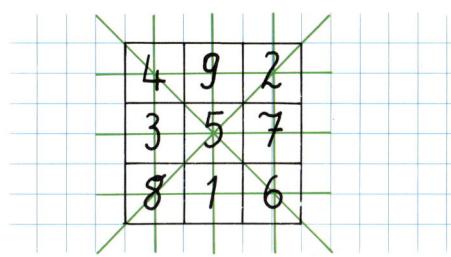

6. Ergänze zu Zauberquadraten.

a)
4	9	2
	5	7
8	1	

b)
18		14
	15	
16		12

c)
920		
1515	1175	835
	1005	

d)
	2808	2744
2936	2680	
	2552	

Ergänze die fehlenden Ziffern.

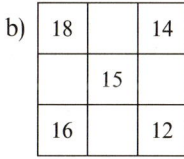

a)	b)	c)	d)	e)	f)
2*64	84*9	5**8*	5*98	12**5	*672*
+*8*3	+*72*	+ 846	−*4*6	− *34*	−34*83
729*	13*51	*07*4	424*	5264	2*4*6

2.4 Sachaufgaben

1. a) Was kostet die Ausrüstung?   b) Um wieviel DM wurde herabgesetzt?

2. Der Heizöltank bei Familie Wittek faßt 12 000 Liter. Beim Nachfüllen gehen 8943 Liter hinein. Wieviel Liter Öl waren noch im Tank?

3. Der Fahrer eines Tankwagens beliefert drei Kunden mit 3572 l, 4915 l und 2864 l. Bei der Abfahrt waren 13 225 l Öl im Tankwagen. Wieviel Liter sind jetzt noch drin?

4. Astrid will sich ein Rennrad für 529 DM kaufen. Sie hat schon 235 DM gespart. Von ihrem Opa erhält sie 120 DM, von ihrer Tante 75 DM. Wieviel DM fehlen ihr noch?

5. Herr Brauer möchte ein neues Auto kaufen. Es kostet ohne Schiebedach 18 483 DM, mit Schiebedach 432 DM mehr. Für seinen alten Wagen werden ihm 4580 DM angerechnet. Wieviel Geld benötigt er, wenn er das Auto mit Schiebedach kauft?

6. Eine Autorallye führt über 2520 km. Die Zwischenkontrollen sind bei den Streckenkilometern 368, 849, 1342, 1832 und 2109. Wie lang sind die einzelnen Teilstrecken?

7. Frau Kunze steuert den Bus bei einer mehrtägigen Fahrt. Sie schreibt bei der Abfahrt und an jedem Abend den Kilometerstand auf: 345 617, 345 962, 346 230, 346 406, 346 494, 346 707, 347 329. Berechne die täglichen Fahrstrecken und die Gesamtstrecke.

8. Im Laufe eines Jahres fuhren 2 019 560 Pkw nach Berlin. 428 037 wählten den Grenzübergang Rudolphstein, 263 960 den Grenzübergang Lauenburg und 71 018 fuhren bei Herleshausen über die Grenze. Der Rest wurde in Helmstedt abgefertigt.

9. Von den 75 Schülern der 5. Klassen spielen 37 Fußball, 28 Volleyball und 15 beide Spielarten. Wie viele Schüler spielen weder Fußball noch Volleyball?

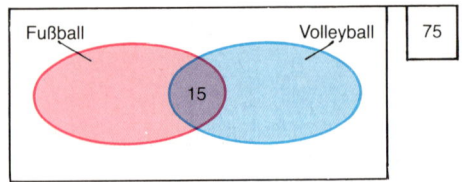

10. Bei der Aktion „Sicheres Fahrrad" wurden 127 Räder überprüft. 23 hatten mangelhafte Bremsen. Bei 38 Rädern funktionierte das Licht nicht. 7 Räder hatten beide Mängel. Bei wie vielen Rädern waren Bremsen und Licht in Ordnung?

11. Bei einer Umfrage werden 475 Personen befragt. 289 essen regelmäßig Obst und 143 trinken regelmäßig Milch. 86 Personen antworten bei beiden Fragen mit ja. Wieviel der Befragten antworten bei beiden Fragen mit nein?

12. Von 265 Sportlern spielen 215 Fußball und 187 Handball. Wie ist das möglich?

2.5 Übungen zur Wiederholung

1.
a)	285 743	b)	379 015	c)	605 113	d)	1 431 627	e)	4 303 511
	3 764		105 738		70 244		8 235		631 502
	25 145		947		178 302		688 403		873
+	787	+	64 302	+	8 001	+	50 445	+	80 562

2.
a)	7 568	b)	12 309	c)	305 617	d)	146 008	e)	1 900 000
−	2 355	−	7 512	−	83 255	−	37 324	−	925 038

3. a) 65 328 + 7 209 + 13 512 + 458   b) 6 257 + 307 428 + 31 580 + 291
127 492 + 5 407 + 32 618 + 48   677 + 34 812 + 831 056 + 107 352 + 6 031

4. a) 78 507 − 37 512   b) 305 783 − 45 085   c) 265 108 − 5 731   d) 1 043 084 − 43 085
104 007 − 99 315   422 611 − 22 588   450 000 − 70 506   4 308 645 − 851 856

Lösungen zu 1. und 2.:   4797,   5213,   108 684,   222 362,   315 439,   550 002,   861 660,   974 962,   2 178 710,   5 016 448

Lösungen zu 3. und 4.:   4692,   40 995,   86 507,   165 565,   259 377,   260 698,   345 556,   379 494,   400 023,   979 928,   999 999,   3 456 789

5. Martina, Jens, Simone und Marc wollen wissen, wer in den Ferien am meisten Rad gefahren ist. Sie haben den Kilometerstand zu Beginn der Ferien und am Ende aufgeschrieben.
a) Wieviel ist jeder gefahren?
b) Schreibe Sätze auf wie „Jens ist um … km weniger gefahren als Simone."

6. a) Berechne die fehlenden Zahlen für die Straßenbahnfahrt in deinem Heft.

Haltestelle	Heidweg	Jahnstr.	Waldhaus	Schanze	Friedhof	Rathaus	Bahnhof
ausgestiegen	—	5	17	45		86	
eingestiegen	57	69	119		43	37	—
Fahrgäste	57			267	284		—

b) Vergleiche die Anzahl der eingestiegenen Personen mit der Anzahl der ausgestiegenen Personen. Überprüfe damit die ausgefüllte Tabelle.

Lösungen zu 5. und 6.:   17, 26, 89, 109, 121, 124, 126, 141, 223, 235, 250, 263, 387, 404, 513

7. Die Kleiderreinigung „flott" hat drei Filialen in der Stadt.
a) Berechne die wöchentliche Einnahme für jede Filiale.
b) Berechne für jeden Tag die Gesamteinnahmen der drei Filialen.
c) Berechne die gesamte Wocheneinnahme. Kontrolliere dein Ergebnis.

	Mo	Di	Mi	Do	Fr	Sa
Filiale Lederstraße	1276 DM	1117 DM	892 DM	1508 DM	1192 DM	1683 DM
Filiale Heugasse	1653 DM	1489 DM	1573 DM	1936 DM	1848 DM	1976 DM
Filiale Fischtor	1522 DM	1702 DM	1691 DM	1473 DM	1895 DM	2074 DM

3 Figuren und Körper

3.1 Figuren zeichnen

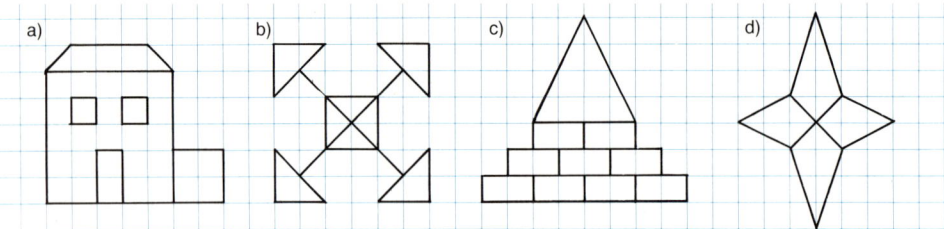

1. Zeichne die Figuren in dein Heft. Male aus.

2. a) Zeichne das Muster ab. Setze es um drei gleiche Muster nach rechts fort.

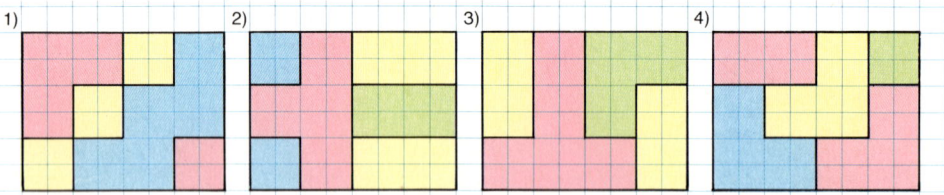

b) Erfinde ein Muster oder eine Figur. Setze nach unten und nach rechts fort.
c) Erfinde ein Muster. Dein Nachbar soll es fortsetzen.

3. Übertrage die Punkte auf Karopapier. Verbinde sie der Reihe nach und den letzten Punkt wieder mit dem ersten. Beschreibe die Figur.

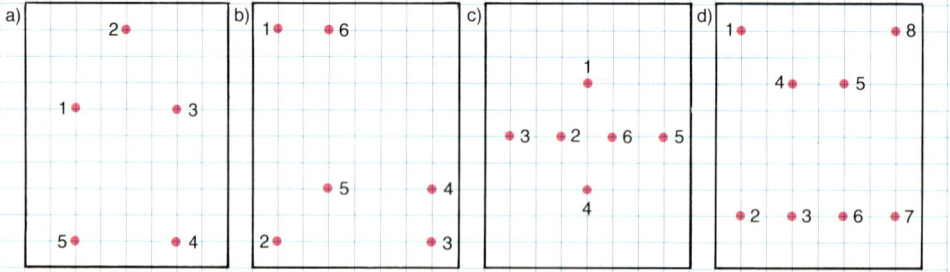

4. Wie geht es weiter? Zeichne jeweils zwei Fortsetzungen.

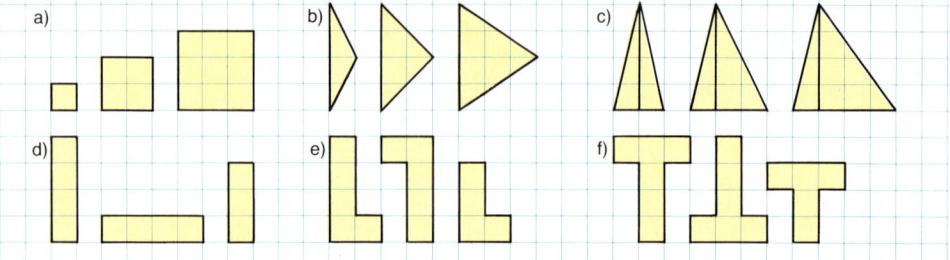

In einer Schublade liegen 8 weiße, 5 blaue und 6 rote Strümpfe. Wie viele Strümpfe muß man im Dunkeln herausnehmen, um ein gleichfarbiges Paar zu haben?

3.2 Strecke und Gerade

1. a) Zwischen den beiden Pfählen sollen weitere Pfähle für einen Maschenzaun gesetzt werden. Wie kann man erreichen, daß sie alle in einer geraden Linie stehen?

b) Auf dem Schulhof soll eine Fahrradstrecke zum Geradeausfahren gezeichnet werden. Gib Möglichkeiten an, wie der Strich eine gerade Linie werden kann.

Strecke
Gerade
Halbgerade

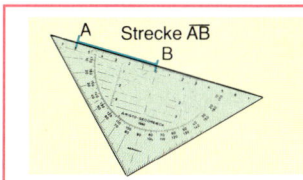

Eine **Strecke** hat einen Anfangspunkt und einen Endpunkt.

Eine **Halbgerade** hat einen Anfangspunkt und keinen Endpunkt.

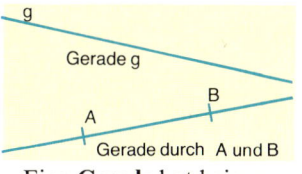

Eine **Gerade** hat keinen Anfangspunkt und keinen Endpunkt.

2. a) Gib an, welche Buchstaben eine Gerade, Halbgerade oder Strecke bezeichnen.

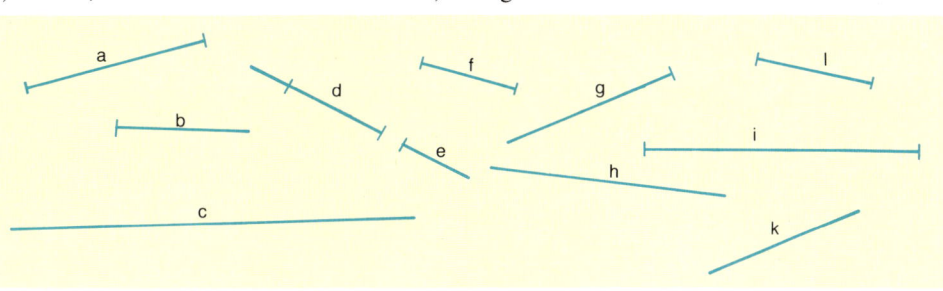

Übungen

b) Miß die Längen der Strecken und schreibe sie auf.
c) Kannst du die Länge einer Geraden oder Halbgeraden messen?

3. Übertrage die drei Punkte in dein Heft.
a) Zeichne Geraden durch den Punkt B. Wie viele kannst du zeichnen?
b) Zeichne mehrere Geraden durch den Punkt A und mehrere Geraden durch den Punkt C. Zeichne die Gerade rot, die durch A und C geht.
c) Zeichne die Geraden AB und BC. Wie viele Schnittpunkte haben die Geraden?

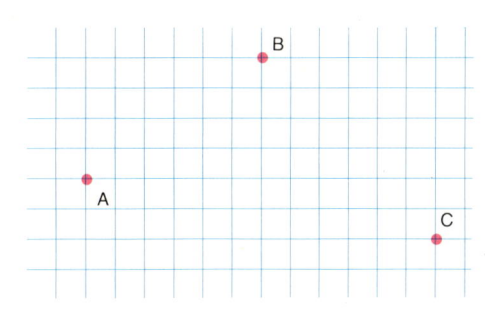

Strecken zeichnen und messen

1. a) Übertrage die Punkte in dein Heft. Verbinde je zwei Punkte durch eine Strecke. Wie viele gibt es?
   b) Miß die Länge der Strecken. Gib jeweils die längste und die kürzeste an.

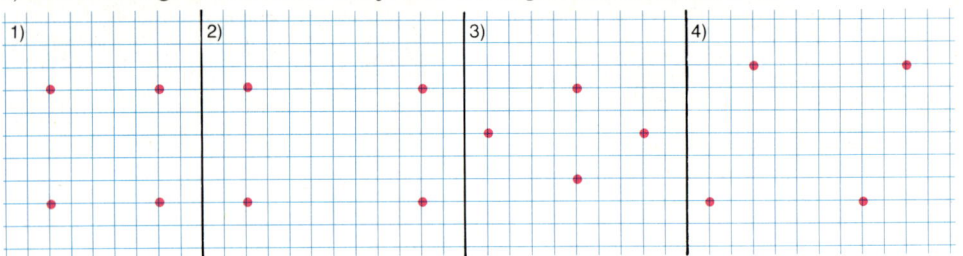

2. a) Miß die Längen der Strecken. Ordne sie der Größe nach.
   b) Zeichne die Strecken der Größe nach geordnet in dein Heft.

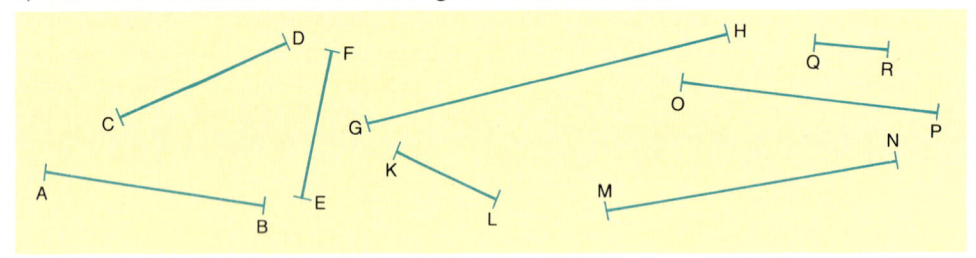

3. Zeichne die Strecken mit der angegebenen Länge auf ein weißes Blatt Papier.

a)
$\overline{AB}$	$\overline{CD}$	$\overline{EF}$	$\overline{GH}$	$\overline{KL}$
5 cm	8 cm	4,5 cm	0,5 cm	18 cm

b)
$\overline{AB}$	$\overline{CD}$	$\overline{EF}$	$\overline{GH}$	$\overline{KL}$
7 cm	4 cm	11 cm	7,5 cm	3,5 cm

c)
$\overline{AB}$	$\overline{CD}$	$\overline{EF}$	$\overline{GH}$	$\overline{KL}$
12 cm	8,5 cm	6,5 cm	16 cm	1,5 cm

d)
$\overline{AB}$	$\overline{CD}$	$\overline{EF}$	$\overline{GH}$	$\overline{KL}$
35 mm	1 dm	53 mm	1,5 dm	4,8 cm

Übungen

4. Ein Transportflugzeug muß von A aus drei Orte anfliegen und zum Ausgangspunkt zurückkehren.
   a) Übertrage die Punkte in dein Heft. Zeichne alle möglichen Wege ein. Jeder Ort soll genau einmal angeflogen werden.
   b) Wieviel verschiedene Wege findest du? Schreibe sie auf. Beispiel: ACBDA.
   c) Welcher Weg ist der kürzeste?

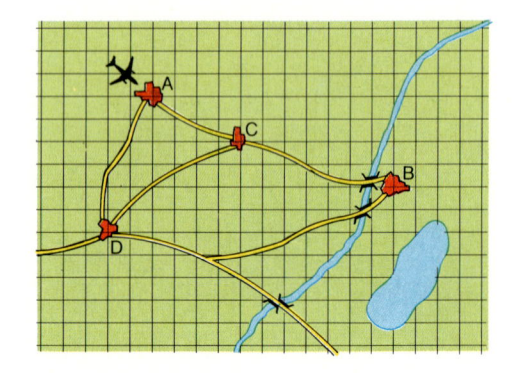

Sind die Strecken gleich lang? Schätze zuerst und miß dann nach.

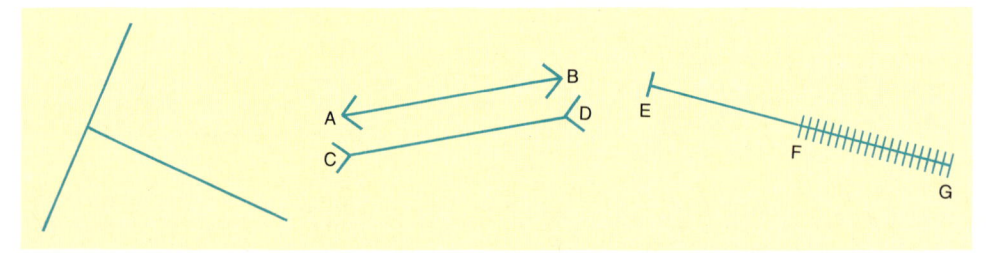

Senkrechte Geraden

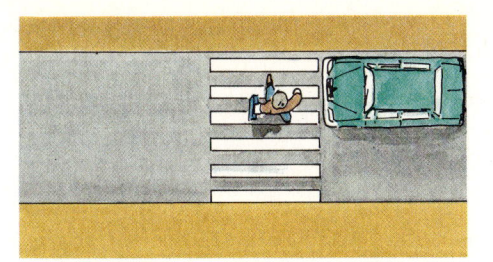

1. a) Welche Fußgängerüberwege findet man am häufigsten?
   b) Beschreibe die Unterschiede. Wann ist der Abstand von Straßenrand zu Straßenrand am kürzesten?

2. Falte ein Blatt Papier zweimal so, daß zueinander senkrechte Faltlinien entstehen. Überprüfe: die Faltgeraden bilden einen rechten Winkel.

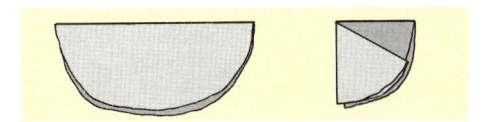

Die Gerade g ist **senkrecht** zur Geraden h. Die beiden Geraden bilden einen rechten Winkel.

Man sagt: g ist senkrecht zu h.

Man schreibt: g ⊥ h.

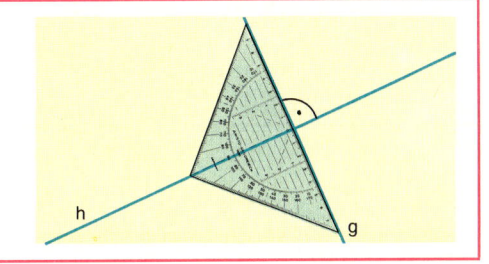

senkrecht

---

3. Suche mit dem Geodreieck senkrechte Geraden.
   Schreibe auf mit dem Zeichen ⊥.

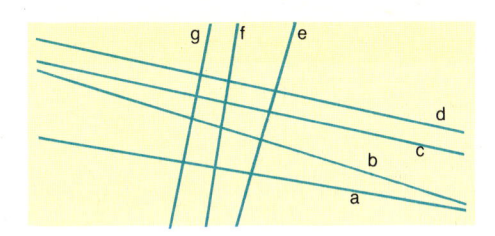

Übungen

4. a) Zeichne die Geraden und die Punkte in dein Heft.
   b) Zeichne zu jeder Geraden die Senkrechte durch die Punkte.
   c) Miß die Abstände der Punkte von der Geraden.

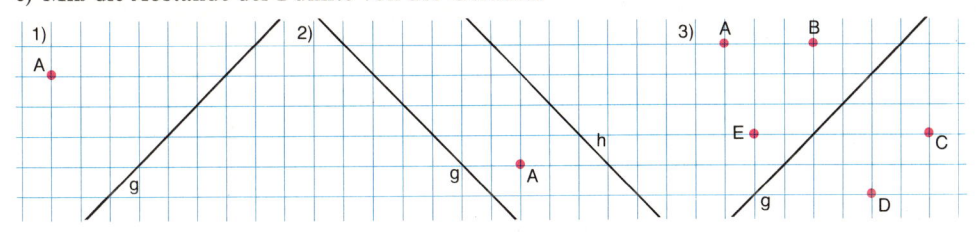

5. Übertrage die Muster in dein Heft und setze sie fort.

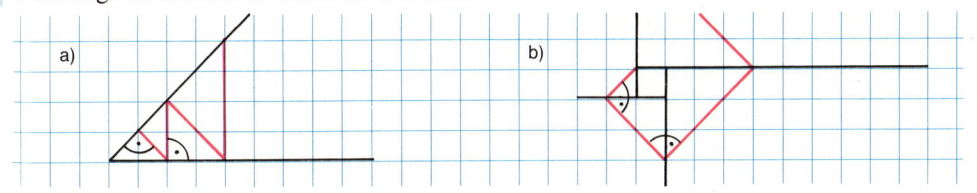

Parallele Geraden

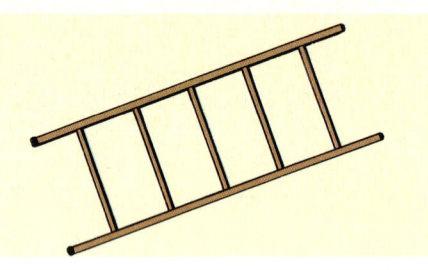

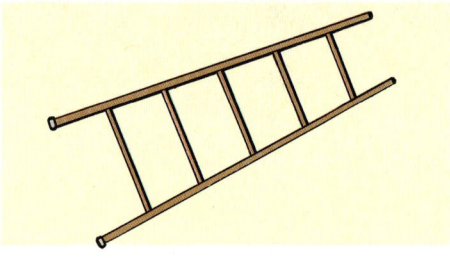

1. Beschreibe Gemeinsamkeiten und Unterschiede der beiden Leitern. Achte auf die Abstände.

parallel

Die Geraden g und h liegen **parallel** zueinander.
Man sagt: g ist parallel zu h.
Man schreibt: g ∥ h.
Parallele Geraden haben keinen Schnittpunkt.

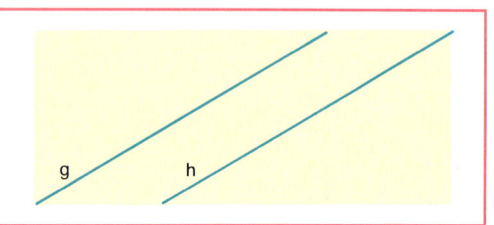

So kannst du Parallelen zeichnen:

a) Mit dem Geodreieck b) Mit der Senkrechten c) Durch Verschieben

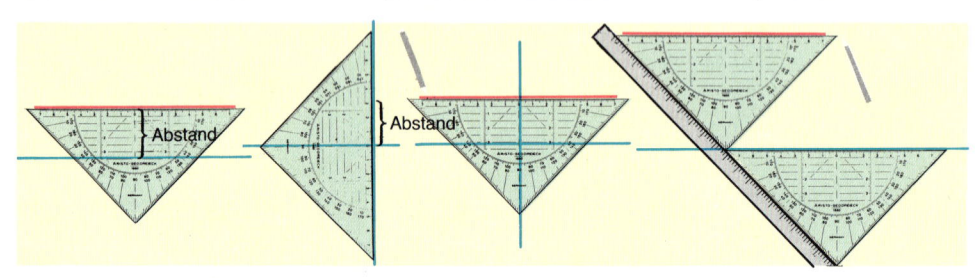

Übungen

2. Zeichne zu einer Geraden g parallele Geraden mit folgendem Abstand.
   a) 3 cm   b) 5 cm   c) 1,5 cm   d) 3,5 cm   e) 25 mm   f) 37 mm   g) 2 cm 3 mm   h) 7 cm

3. a) Zeichne zu jeder Geraden die parallele Gerade durch den zugehörigen Punkt.
   b) Miß den Abstand der Parallelen und schreibe ihn auf.

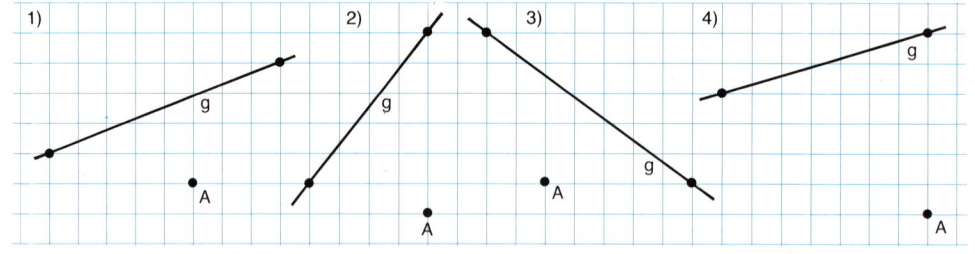

Sind die Geraden parallel? Prüfe mit dem Geodreieck nach.

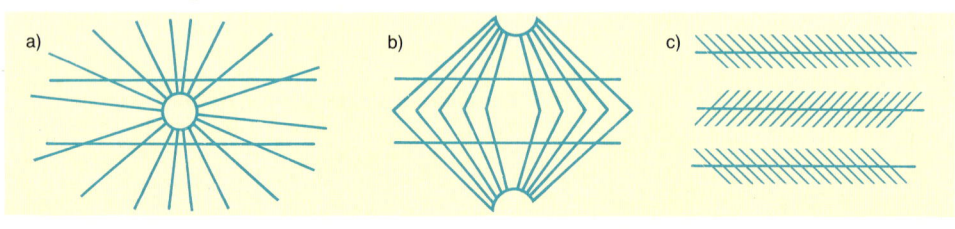

3.3 Figuren im Achsenkreuz

1. Die Schilder zeigen an, wo man den nächsten Hydranten (H 150) und den nächsten Schieber (S 100) der Wasserleitung findet. Die Zahlen sagen, wieviel Meter man vom Schild nach vorn und wieviel Meter man nach rechts oder links gehen muß.
Wo mußt du Hydrant und Schieber suchen?

2. a) Gib die Zahlenpaare für die Punkte an.
b) Zeichne ein Achsenkreuz und trage die Punkte A bis E ein.
Verbinde die Punkte in alphabetischer Reihenfolge. Welche Figur entsteht?

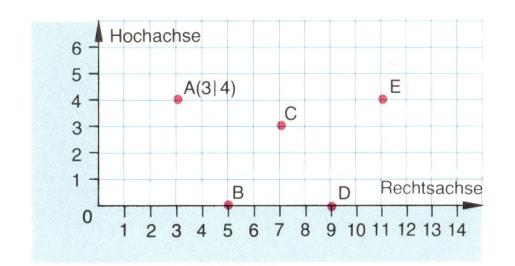

In einem Achsenkreuz kann ein Punkt durch ein Zahlenpaar angegeben werden.
Man gibt zuerst den **Rechtswert,** dann den **Hochwert** an.
Der Punkt A hat den Rechtswert 3 und den Hochwert 5.
Man schreibt: A (3|5).

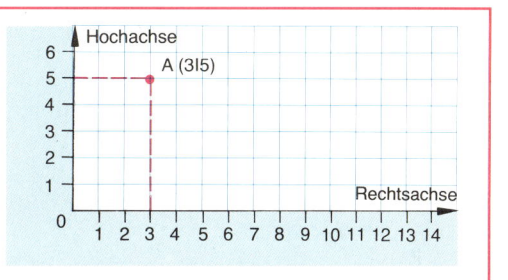

Rechtswert
Hochwert

---

3. a) Gib zu jedem Punkt den Rechtswert und den Hochwert an.
b) Übertrage das Achsenkreuz mit den Punkten in dein Heft.
c) Verbinde alle Punkte mit dem gleichen Rechtswert.
d) Verbinde alle Punkte, die den gleichen Hochwert haben.

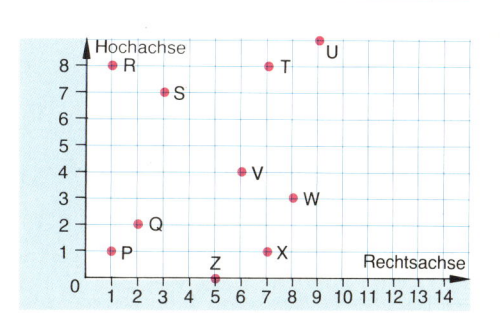

Übungen

4. Zeichne ein Achsenkreuz und trage die Punkte A und B ein. Zeichne die Strecke $\overline{AB}$. Gib weitere Punkte an, die auf der Strecke liegen.

a) A(2|5), B(7|5)   b) A(4|4), B(14|9)   c) A(1|3), B(4|9)   d) A(0|0), B(8|2)

5. Trage die Punkte A, B, C und D in ein Achsenkreuz ein. Zeichne die Geraden AB und CD. Prüfe nach, ob die beiden Geraden senkrecht oder parallel sind. Schreibe auf.

a) A(2|2), B(5|8), C(1|6), D(9|2)   b) A(1|4), B(5|7), C(2|7), D(4|4)
c) A(3|0), B(10|3), C(7|6), D(7|0)   d) A(0|2), B(7|3), C(0|6), D(7|7)

6. a) Bestimme Rechtswert und Hochwert der Punkte auf den Geraden.
b) Zeichne die Punkte und die Geraden in ein Achsenkreuz.
c) Zeichne zu jeder Geraden eine Parallele durch den Punkt P(6|5).
d) Gib auf jeder Parallelen zwei Punkte an.

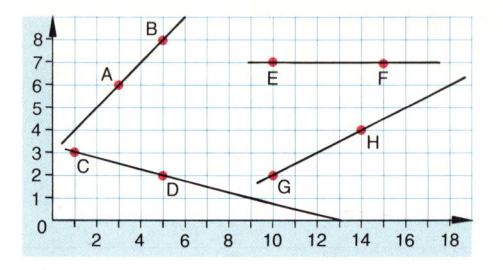

7. Zeichne ein Achsenkreuz und trage die Punkte ein. Verbinde die Punkte in alphabetischer Reihenfolge zu einer Figur.

a) A(1|4), B(4|11), C(12|11), D(13|7), E(13|6), F(12|10), G(12|1), H(11|1), K(11|6), L(6|6), M(6|1), N(5|1), O(5|6), P(4|8), Q(2|4), R(1|4).

b) A(2|1), B(2|8), C(3|10), D(4|8), E(4|5), F(5|5), G(5|6), H(6|6), K(6|5), L(7|5), M(7|6), N(8|6), O(8|5), P(9|5), Q(9|7), R(10|8), S(11|7), T(11|1), U(2|1).

8. Trage die Punkte in ein Achsenkreuz ein. Verbinde jeden Punkt mit jedem andern Punkt.
A(9|2), B(14|4), C(16|9), D(14|14), E(9|16), F(4|14), G(2|9), H(4|4).

9. a) Zeichne die Punkte in ein Achsenkreuz: A(2|1), B(8|1), C(8|8), D(5|12), E(2|8).
b) Verbinde die Punkte in der Reihenfolge AEDCBECAB. Was erhältst du?
c) Schreibe weitere Reihenfolgen auf, mit denen du die Figur in einem Zug zeichnen kannst.

10. Zeichne eine Gerade durch die Punkte A(6|3) und B(4|7). Zeichne eine zweite Gerade durch die Punkte C(0|4) und D(10|6). Bestimme den Rechtswert und den Hochwert des Schnittpunktes der Geraden.

11. a) Trage in ein Achsenkreuz ein: A(6|4), B(6|8), C(2|10), D(4|14), E(12|14), F(14|10), G(10|8) und H(10|4).
b) Verbinde die Punkte in alphabetischer Reihenfolge.
c) Verbinde den Punkt B mit dem Punkt E und den Punkt D mit dem Punkt G. Bestimme das Zahlenpaar des Schnittpunkts.

12. a) Übertrage das Achsenkreuz und die Figuren in dein Heft.
b) Ergänze die Figuren zu einem Quadrat oder zu einem Rechteck.
c) Gib die Zahlenpaare aller Eckpunkte an.

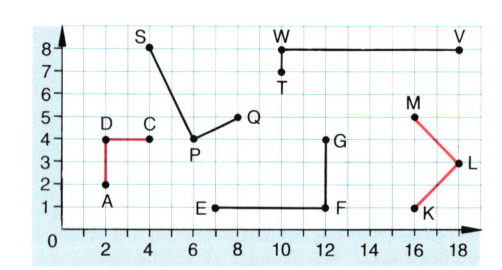

13. Zeichne die Vierecke jeweils in ein eigenes Achsenkreuz. Ergänze die fehlenden Rechtswerte und Hochwerte.

a) Quadrat: A(2|3), B(7|3), C(■|8), D(■|■)   b) Quadrat: A(6|4), B(■|■), C(6|14), D(■|■)
c) Rechteck: A(5|2), B(7|4), C(■|■), D(1|6)   d) Rechteck: A(■|2), B(10|2), C(■|■), D(3|11)

14. Erfinde eine Figur im Achsenkreuz (ein Auto, einen Roboter, ein Haus, …).
Schreibe die Zahlenpaare der Eckpunkte in der richtigen Reihenfolge auf.
Mit diesen Zahlenpaaren soll ein Mitschüler die gleiche Figur zeichnen.

3.4 Ebene Figuren

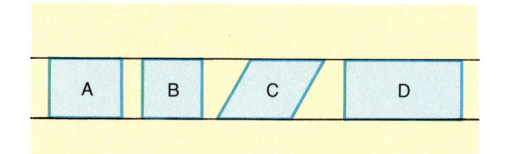

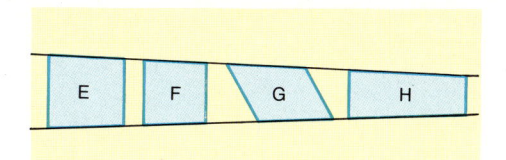

Rechteck und Quadrat

1. a) Vergleiche die beiden Streifen. Wo liegt der Hauptunterschied?
   b) Wo findest du parallele Seiten, rechte Winkel, gleich lange Seiten?
   c) Welche Figuren sind Rechtecke, welche sind Quadrate?

2. a) Falte aus einem weißen Stück Papier ein Rechteck.
   b) Zeichne die Faltlinien nach. Prüfe rechte Winkel und parallele Seiten mit dem Geodreieck.
   c) Falte ein Quadrat. Überprüfe mit dem Geodreieck.

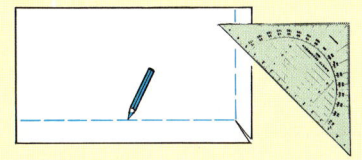

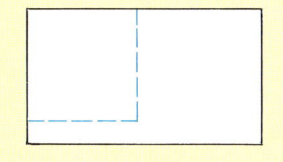

3. Übertrage die Tabelle in dein Heft. Kreuze das Zutreffende an.

	☐	☐
Die Gegenseiten sind parallel.		
Die Gegenseiten sind gleich lang.		
Die Nachbarseiten bilden rechte Winkel.		
Die Nachbarseiten sind gleich lang.		
Alle Seiten sind gleich lang.		
Es gibt vier rechte Winkel.		

Ein **Rechteck** hat vier rechte Winkel.
Die Gegenseiten sind parallel und gleich lang.
Ein **Quadrat** hat vier rechte Winkel.
Die Gegenseiten sind parallel.
Alle Seiten sind gleich lang.

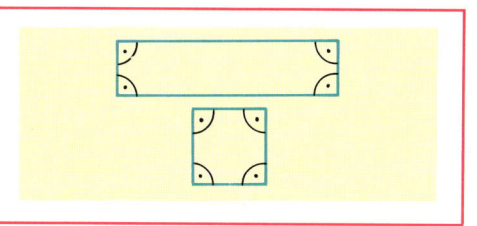

Rechteck

Quadrat

a) Lege vier Streichhölzer so an andere Stellen, daß aus den fünf Quadraten vier gleich große Quadrate werden.
b) Lege vier Streichhölzer so an andere Stellen, daß aus den vier Quadraten drei gleich große Quadrate werden.

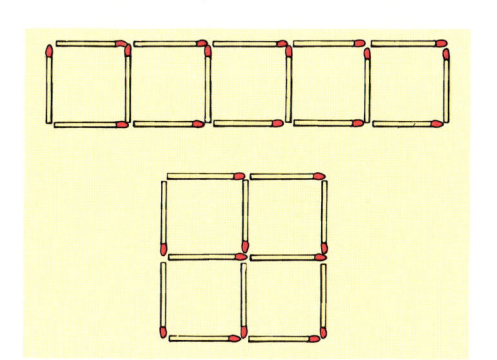

Rechtecke zeichnen

So kannst du ein Rechteck zeichnen: Länge 6 cm und Breite 3 cm.

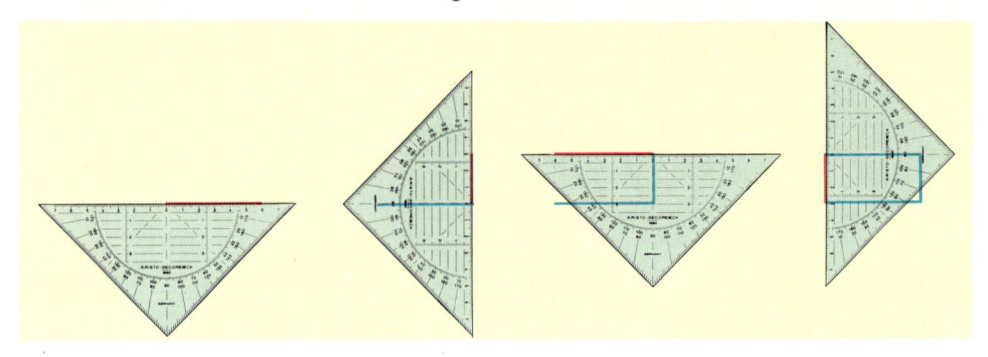

Übungen

1. Zeichne die Rechtecke mit den angegebenen Seitenlängen auf ein weißes Blatt Papier.

	a)	b)	c)	d)	e)	f)	g)	h)
Länge	5 cm	8 cm	12 cm	3,5 cm	6,5 cm	4,8 cm	3,7 cm	9,3 cm
Breite	3 cm	4 cm	7 cm	2,5 cm	4,5 cm	2,5 cm	3,5 cm	1,6 cm

2. Zeichne Quadrate mit der angegebenen Seitenlänge.
   a) 3 cm   b) 6 cm   c) 9 cm   d) 3,5 cm   e) 2,5 cm   f) 3,4 cm   g) 7,2 cm

3. Zeichne drei Rechtecke mit der Länge 12 cm und der Breite 4 cm in dein Heft.
   Unterteile die Rechtecke auf verschiedene Weise in gleich große Quadrate.

4. a) Zeichne fünf Rechtecke mit der Länge 3 cm und der Breite 2 cm auf ein Blatt Papier. Schneide sie aus.
   b) Lege zwei Rechtecke auf zwei verschiedene Weisen zu einem neuen zusammen. Zeichne diese Rechtecke in dein Heft. Schreibe ihre Länge und Breite dazu. Gib den Umfang an.
   c) Lege drei (vier, fünf) Rechtecke zu einem neuen Rechteck zusammen. Suche alle Möglichkeiten und zeichne sie.

5. Zeichne die Teile auf ein Blatt Karopapier und schneide sie aus.
   Versuche, sie jeweils zu einem Quadrat zusammenzusetzen. Zeichne die Quadrate.

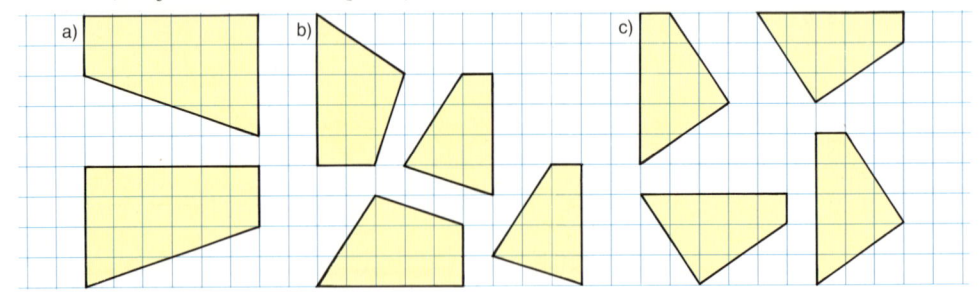

6. Zeichne die Figuren auf ein Blatt Karopapier und schneide sie aus.
   Schneide jede Figur einmal so durch, daß du die beiden Teile zu einem Rechteck zusammenlegen kannst.

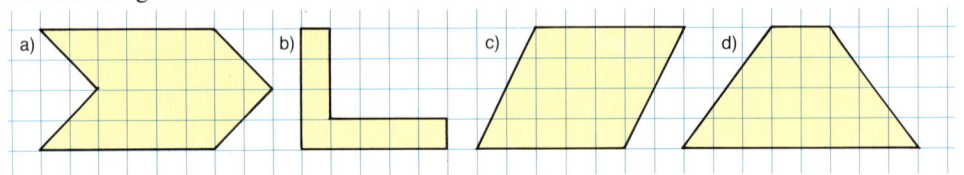

1. a) Übertrage die Rechtecke und Quadrate in dein Heft. **Diagonalen**

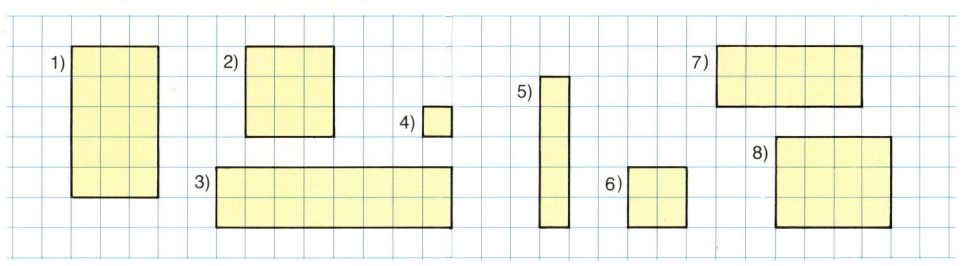

   b) Miß die Seitenlängen und schreibe sie an die Seiten.
   c) Addiere die vier Seitenlängen. Du erhältst den Umfang.
   d) Die Verbindung zweier gegenüberliegender Eckpunkte ist die Diagonale. Zeichne die Diagonalen ein und miß ihre Längen.
   e) Welche Diagonalen sind gleich lang? Welche Diagonalen stehen senkrecht aufeinander? Welche Diagonalen halbieren sich im Schnittpunkt?

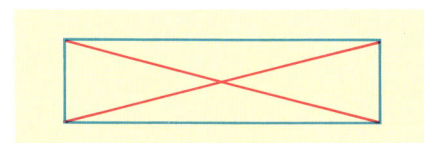

Im Rechteck sind die **Diagonalen** gleich lang. Sie halbieren sich.

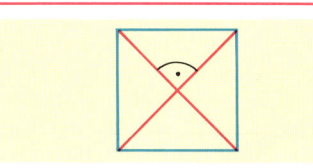

Im Quadrat sind die **Diagonalen** gleich lang. Sie halbieren sich. Sie stehen senkrecht aufeinander.

Diagonale

2. Übertrage die Tabelle in dein Heft und kreuze das Zutreffende an. **Übungen**

Eigenschaften	Rechteck	Quadrat
Die Diagonalen sind senkrecht zueinander		
Die Diagonalen halbieren sich		
Die Diagonalen sind gleich lang		

3. a) Zeichne ein Rechteck mit der Länge 8 cm und der Breite 4 cm auf kariertes Papier. Zeichne die Diagonalen ein.
   b) Schneide das Rechteck aus. Zerschneide es entlang der Diagonalen.
   c) Lege mit den vier Teilen neue Figuren und zeichne sie auf.

4. a) Zeichne ein Quadrat mit der Seitenlänge 10 cm auf ein Blatt Papier. Zeichne die Diagonalen ein.
   b) Schneide das Quadrat aus und zerschneide es entlang der Diagonalen.
   c) Lege Figuren und zeichne sie auf.

5. a) Zeichne drei verschiedene Rechtecke mit der Diagonalen 7 cm.
   b) Miß jeweils Länge und Breite der Rechtecke.
   c) Kannst du auch ein Quadrat zeichnen (Diagonalenlänge 7 cm)?

Lege zwei Streichhölzer so an andere Stellen, daß fünf gleich große Quadrate entstehen.

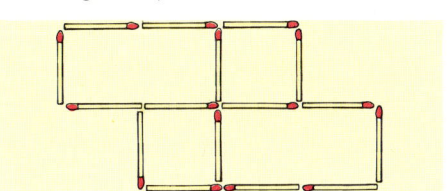

Parallelogramm

Rechteck   Parallelogramm
Quadrat   Raute

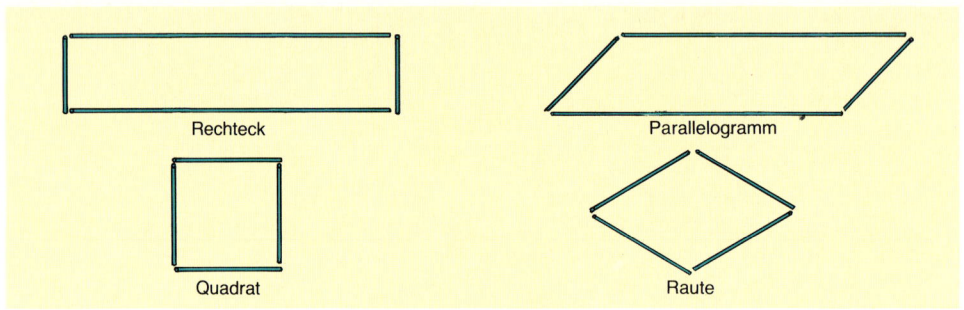

1. Ralf, Anita, Karin und Peter haben Vierecke aus Trinkhalmen gelegt.
   a) In welchen Vierecken gibt es rechte Winkel, gleich lange Seiten, parallele Seiten?
   b) Ralf und Anita haben vier gleich lange Halme benutzt. Was haben sie gelegt?
   c) Karin und Peter haben zwei kurze und zwei lange Halme verwendet. Welche Vierecke haben sie gelegt?
   d) Kannst du aus je zwei gleich langen Halmen noch ein anderes Viereck legen?

2. Was unterscheidet ein Parallelogramm vom Rechteck (vom Quadrat)? Was haben sie gemeinsam?

Parallelogramm

> Im **Parallelogramm** sind die Gegenseiten gleich lang.
> Die Gegenseiten sind parallel.

Übungen

3. Benenne die Vierecke. Prüfe mit dem Geodreieck.

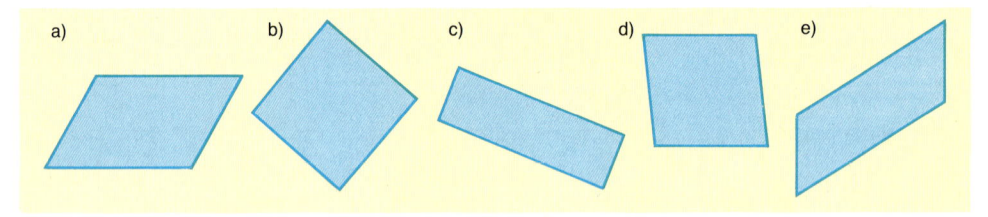

   a) b) c) d) e)

4. a) Zeichne die Figuren in ein Heft.
   b) Prüfe mit dem Geodreieck parallele Seiten, rechte Winkel und gleich lange Seiten. Schreibe die Namen der Vierecke an die Figuren.

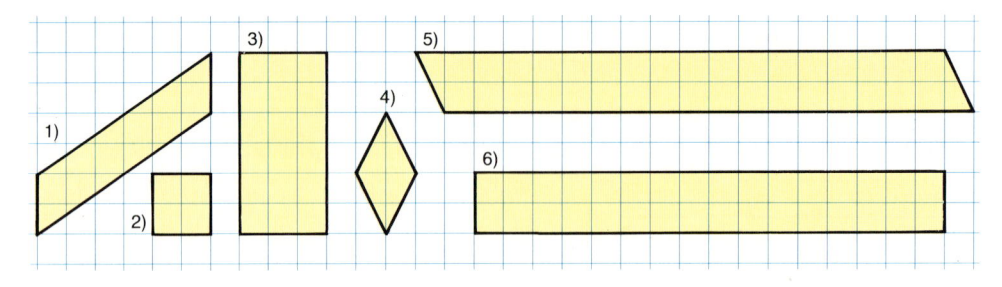

5. Zeichne jeweils ein Achsenkreuz. Trage die vier Punkte ein und verbinde sie der Reihe nach. Schreibe den Namen des Vierecks dazu.

   a) A(1|2), B(9|2), C(11|5), D(3|5)   b) A(6|3), B(8|5), C(6|7), D(4|5)
   c) A(1|7), B(9|7), C(9|10), D(1|10)   d) A(4|1), B(9|1), C(12|5), D(7|5)
   e) A(1|4), B(4|2), C(7|6), D(4|8)   f) A(0|0), B(7|3), C(7|8), D(0|5)

Diagonalen

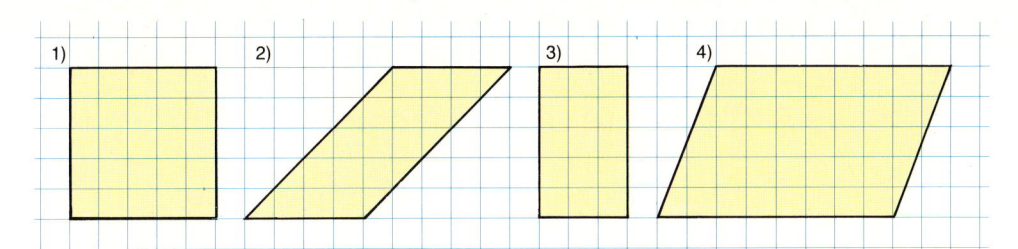

1) 2) 3) 4)

1. a) Übertrage die Vierecke in dein Heft. Schreibe ihre Namen dazu.
   b) Verbinde gegenüberliegende Eckpunkte. Miß die Diagonalen.
   c) Wo sind die Dagonalen gleich lang? Wo stehen die Diagonalen senkrecht aufeinander? Wo halbieren sich die Diagonalen?

   > Im Parallelogramm halbieren sich die **Diagonalen**.

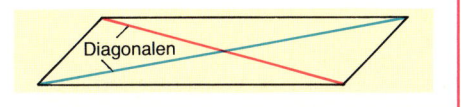

Übungen

2. a) Übertrage die angefangenen Vierecke in dein Heft. Ergänze sie zu einem Quadrat, Rechteck oder Parallelogramm.
   b) Zeichne die Diagonalen ein. Miß ihre Längen.

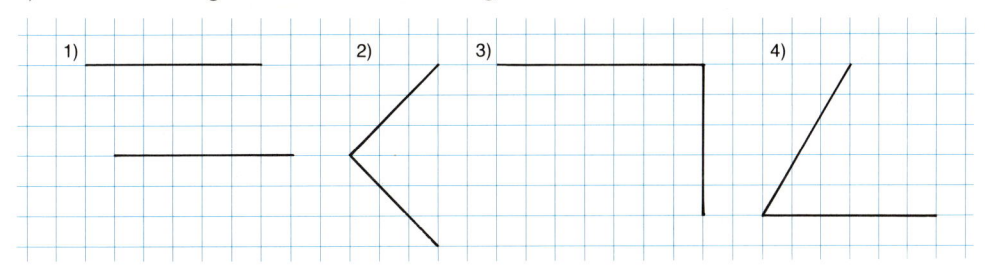

   1) 2) 3) 4)

3. Übertrage die Tabelle in dein Heft. Kreuze an.

Eigenschaften	Parallelogramm	Rechteck	Quadrat
Die gegenüberliegenden Seiten sind parallel.			
Die gegenüberliegenden Seiten sind gleich lang.			
Die Nachbarseiten sind senkrecht zueinander.			
Die Figur hat vier rechte Winkel.			
Die Diagonalen sind senkrecht zueinander.			
Die Diagonalen sind gleich lang.			
Die Diagonalen halbieren sich.			

4. Überprüfe folgende Aussagen:
   a) Jedes Rechteck ist auch ein Parallelogramm.
   b) Jedes Quadrat ist auch ein Rechteck.
   c) Jedes Quadrat ist auch ein Parallelogramm.
   d) Jedes Parallelogramm ist auch ein Rechteck.

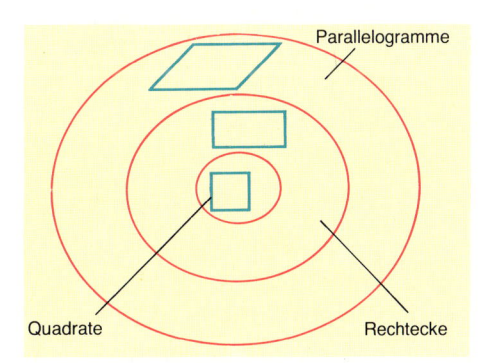

3.5 Quader und Würfel

1. a) Unterscheide die Formen der Gegenstände nach Quader und Würfel.
b) Nenne weitere Gegenstände mit diesen beiden Formen.

2. Baue das Kantenmodell eines Würfels und eines Quaders.

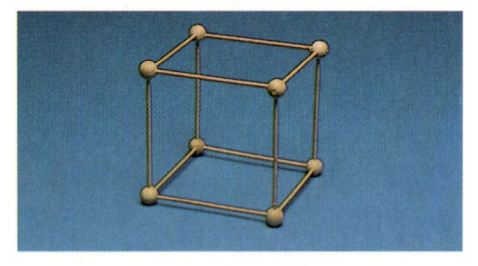

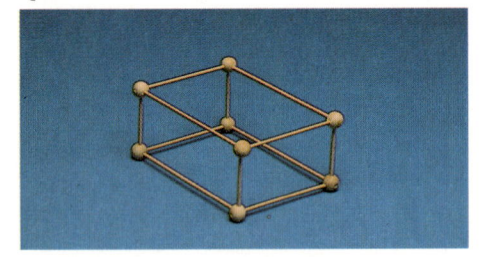

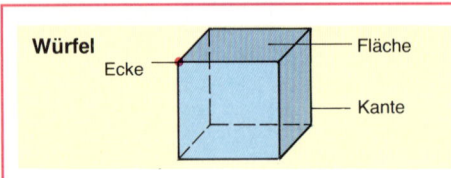

Würfel
Quader

Ein **Würfel** hat sechs quadratische Flächen. Alle Flächen sind gleich groß.

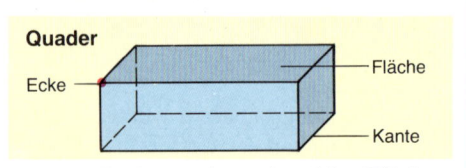

Ein **Quader** hat sechs rechteckige Flächen. Je zwei Flächen sind gleich groß.

3. a) Wie viele Stäbe braucht man für das Kantenmodell eines Würfels (eines Quaders)?
b) Wie viele Ecken hat das Kantenmodell?
c) Wie viele quadratische Pappstücke braucht man für die Flächen eines Würfels?
d) Wie viele rechteckige Pappstücke braucht man für die Flächen eines Quaders?

4. Welche Eigenschaften treffen zu? Löse im Heft.

	Quader	Würfel
(1) Alle Kanten sind gleich lang.		
(2) Der Körper hat 8 Ecken.		
(3) Der Körper hat 12 Kanten.		
(4) Der Körper setzt sich aus 6 Seitenflächen zusammen.		
(5) Gegenüberliegende Kanten sind gleich lang.		
(6) Gegenüberliegende Kanten sind parallel zueinander.		
(7) Nachbarkanten sind senkrecht zueinander.		
(8) Alle Flächen sind gleich groß.		
(9) Gegenüberliegende Flächen sind gleich groß.		
(10) Gegenüberliegende Flächen sind parallel zueinander.		

5. Baue aus zwei (drei) Streichholzschachteln verschiedene Quader. Miß die Kantenlängen. Schreibe die Maße auf.

Vermischte Übungen

1. Es werden Kantenmodelle von Quadern gebaut. Wieviel Draht braucht man?
   a) Länge: 8 cm   b) Länge: 11 cm   c) Länge: 7,5 cm   d) Länge: 5,4 cm
   Breite: 6 cm   Breite: 3 cm   Breite: 3,5 cm   Breite: 2,8 cm
   Höhe: 2 cm   Höhe: 2,5 cm   Höhe: 10 cm   Höhe: 0,5 cm

2. Aus Draht sollen Kantenmodelle von Würfeln gebaut werden.
   a) Wieviel Draht benötigt man für einen Würfel mit der Kantenlänge 12 cm?
   b) Die Kantenlänge soll 15 cm (7,5 cm; 4,8 cm) betragen.

3. a) Aus einem 120 cm langen Stück Draht wird das Kantenmodell eines Würfels gebaut. Wie lang ist eine Kante?
   b) Der Draht ist 180 cm (156 cm; 90 cm) lang.

4. Ein Würfel soll mit möglichst wenig verschiedenen Farben angemalt werden. Die an einer Kante zusammenstoßenden Seitenflächen dürfen nicht die gleiche Farbe haben. Wieviel Farben braucht man?

5. Jürgen hat viele Würfel mit der Kantenlänge 1 cm. Er möchte daraus größere Würfel bauen.
   a) Wieviel kleine Würfel braucht er für einen größeren Würfel mit der Kantenlänge von 2 cm (3 cm; 4 cm)?
   b) Wie groß ist die Kantenlänge bei 125 kleinen Würfeln?

6. a) Aus mehreren Ziegelsteinen wird ein Quader zusammengesetzt. Er soll zweimal so lang, zweimal so breit und zweimal so hoch wie ein Ziegelstein werden. Wie viele Ziegelsteine werden benötigt?
   b) Wie viele Ziegelsteine muß man zusammensetzen, damit der Quader zweimal so lang, fünfmal so breit und sechsmal so hoch wie ein Ziegelstein wird?

7. Silke hat einen Würfel mit der Kantenlänge 14 cm. Wenn sie den Würfel dreimal geschickt durchsägt, erhält sie gleich große Würfel.
   a) Wieviel kleine Würfel erhält sie?
   b) Wie groß ist ihre Kantenlänge?

8. Ein rot gestrichener Würfel wird durch sechs Schnitte in kleinere Würfel zersägt.
   a) Wieviel kleine Würfel entstehen?
   b) Wieviel kleine Würfel haben drei rote Seitenflächen?
   c) Wieviel kleine Würfel haben zwei (eine, keine) rote Seitenflächen?

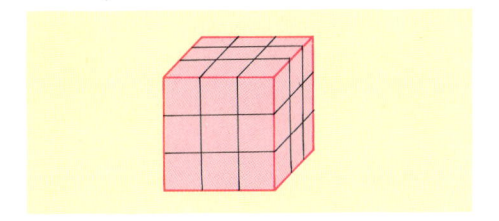

9. a) Gib Möglichkeiten an, wie aus den abgebildeten Körpern neue Quader gebaut werden können.
   b) Bestimme jeweils die Kantenlängen der neuen Quader.

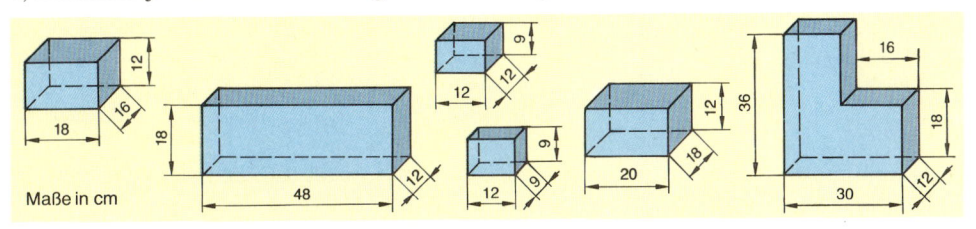

Maße in cm

Netze von Würfeln

Würfel

Übungen

1. a) Schneide aus einem Stück Pappe sechs Quadrate mit der Seitenlänge 6 cm aus.
   b) Klebe die sechs Quadrate mit einem Klebeband zu einem Würfel zusammen.
   c) Schneide den Würfel an den Kanten so auf, daß du ihn auseinanderfalten kannst. Dabei sollen alle sechs Quadrate verbunden sein zu einem **Würfelnetz**.

2. a) Zeichne die Würfelnetze auf Karopapier.

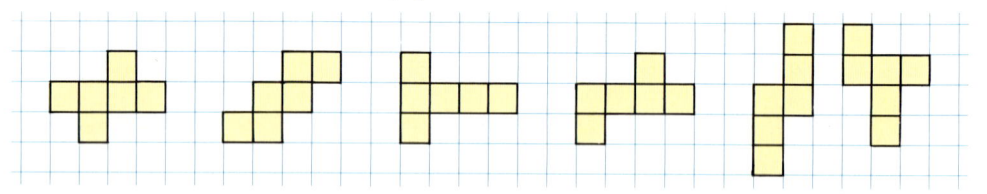

   b) Schneide die Netze aus. Falte zu einem Würfel zusammen.
   c) Zeichne eigene Würfelnetze.

3. Welcher Würfel ist aus dem gezeichneten Netz gefaltet worden?

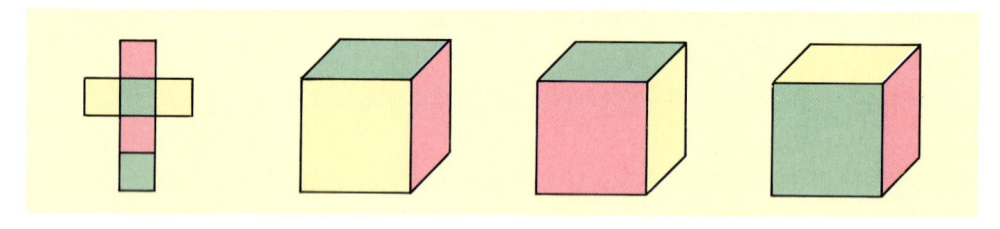

4. a) Zeichne die Würfelnetze in dein Heft.
   b) Färbe Flächen mit gleicher Farbe, die sich im Würfel gegenüberliegen.

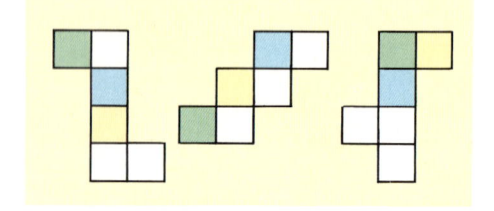

5. Die gegenüberliegenden Seiten des abgebildeten Würfels tragen gleiche Farben. Zeichne ein Würfelnetz mit den richtigen Farben.

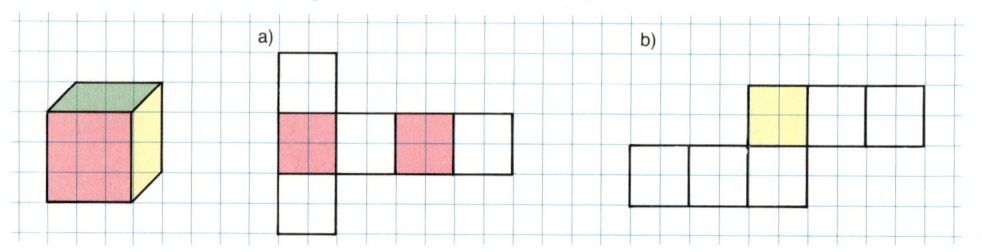

Quader

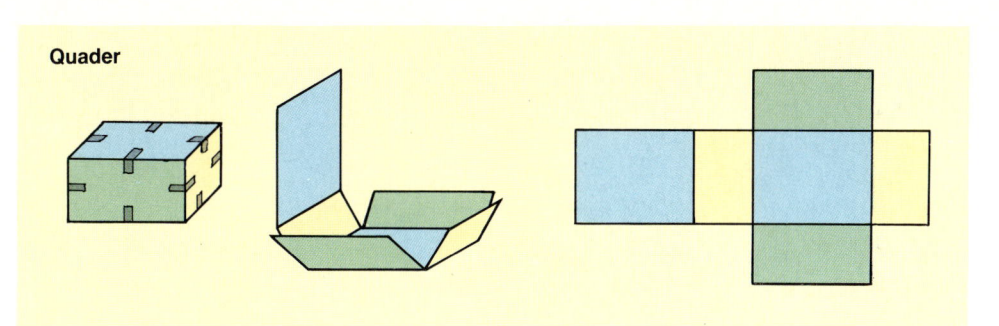

Netze von Quadern

Übungen

1. a) Zeichne die Rechtecke je zweimal auf Pappe und schneide sie aus.
   b) Klebe die sechs Rechtecke mit einem Klebeband zu einem Quader zusammen.
   c) Schneide an den Kanten so auseinander, daß ein Quadernetz entsteht.

2. a) Zeichne die Netze auf Karopapier.

   1)   2)   3)   4)

   b) Schneide die Netze aus. Versuche, sie zu einem Quader zu falten.
   c) Zeichne zu jedem Quader ein weiteres verschiedenes Netz.

3. a) Zeichne die Quadernetze in dein Heft.
   b) Färbe Flächen, die sich im Quader gegenüber liegen, mit der gleichen Farbe.

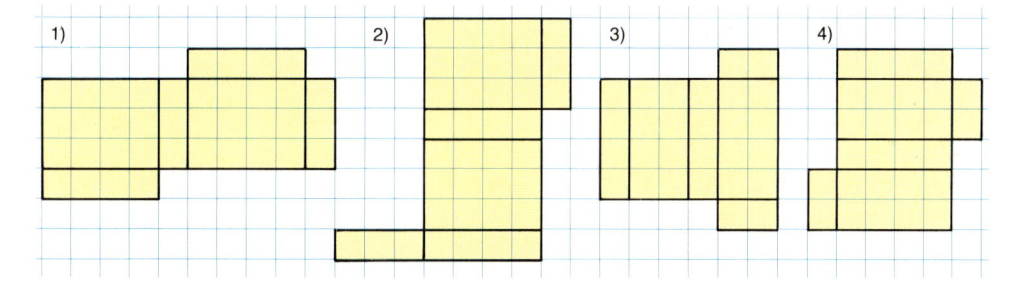

   1)   2)   3)   4)

4. Welches sind Quadernetze, welches sind keine Quadernetze? Übertrage, schneide aus und überprüfe durch Falten.

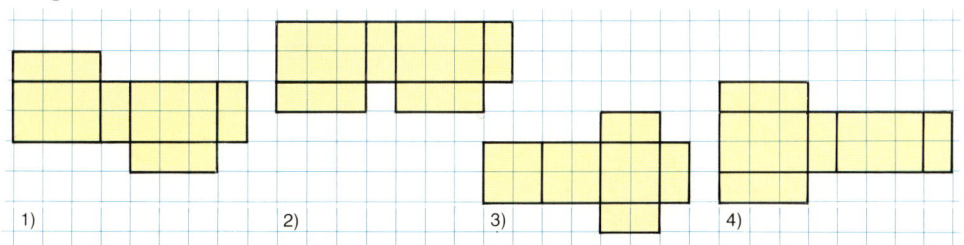

   1)   2)   3)   4)

5. Zeichne das Netz eines Quaders auf Karopapier. Schneide aus und überprüfe durch Falten.
   a) Länge 4 cm, Breite 3 cm, Höhe 2 cm   b) Länge 5 cm, Breite 2 cm, Höhe 2 cm
   c) Länge 5 cm, Breite 4 cm, Höhe 1 cm   d) Länge 3 cm, Breite 1 cm, Höhe 4 cm

Schrägbilder So kannst du das Schrägbild eines Quaders zeichnen.

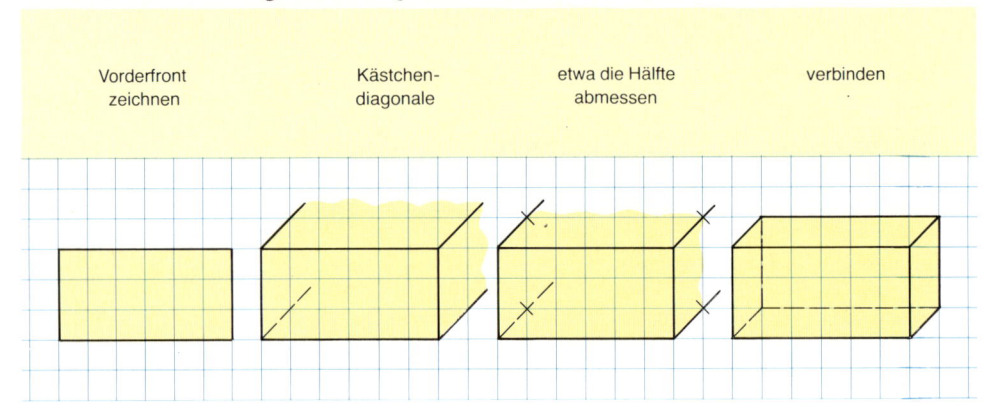

| Vorderfront zeichnen | Kästchen- diagonale | etwa die Hälfte abmessen | verbinden |

Übungen

1. Zeichne das Schrägbild eines Quaders mit den folgenden Maßen.
   a) Länge 5 cm, Breite 4 cm, Höhe 2 cm
   b) Länge 8 cm, Breite 3 cm, Höhe 4 cm
   c) Länge 3 cm, Breite 5 cm, Höhe 3,5 cm
   d) Länge 7 cm, Breite 7 cm, Höhe 4,5 cm

2. Zeichne das Schrägbild eines Würfels.
   a) Seitenlänge 4 cm   b) Seitenlänge 6 cm   c) Seitenlänge 5,4 cm   d) Seitenlänge 44 mm

3. a) Miß die Länge, Breite und Höhe einer Streichholzschachtel. Schreibe sie auf.
   b) Zeichne drei verschiedene Schrägbilder der Streichholzschachtel. Es soll jedesmal eine andere Fläche vorne liegen.

4. a) Übertrage die angefangenen Schrägbilder in dein Heft.
   b) Ergänze sie zu einem Würfel oder Quader.

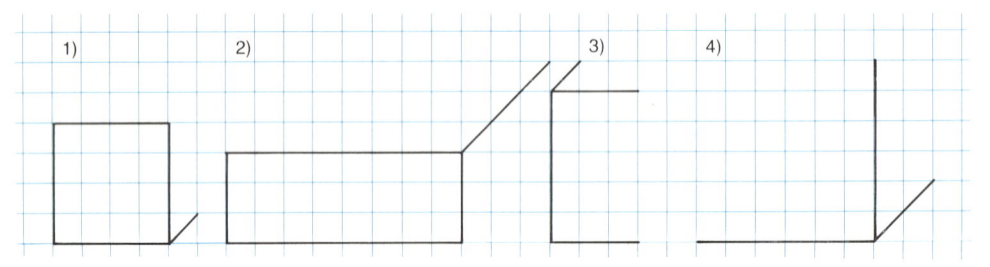

5. a) Stelle zwei Streichholzschachteln auf. Zeichne ein Schrägbild.
   b) Stelle die aufrecht stehende Streichholzschachtel nach rechts. Zeichne ein Schrägbild.
   c) Stelle die beiden Streichholzschachteln anders auf und zeichne.

6. a) Baue die abgebildeten Körper aus gleich großen Würfeln. Zeichne die Schrägbilder.
   b) Stelle die Körper so auf, daß eine andere Ansicht nach vorne zeigt. Zeichne.

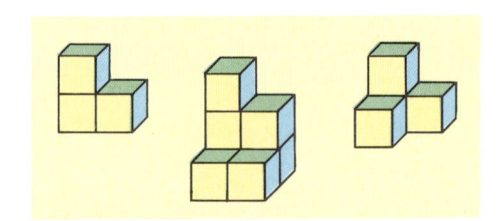

3.6 Übungen zur Wiederholung

1. a) Miß die Längen der Strecken. Ordne sie der Größe nach.
   b) Zeichne die Strecken der Größe nach geordnet in dein Heft.

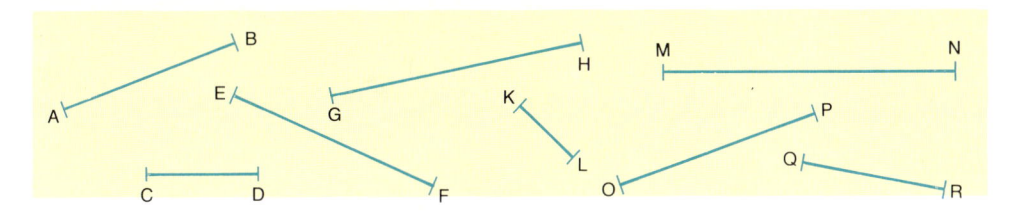

2. a) Zeichne die Geraden und die Punkte in dein Heft.

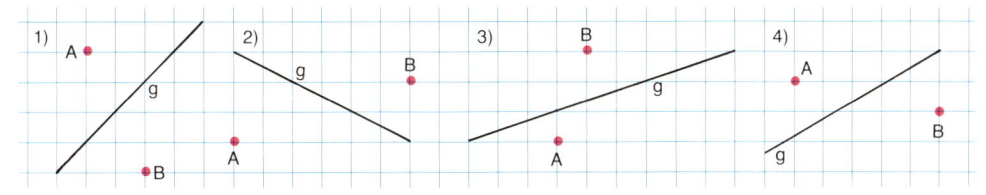

   b) Zeichne zu jeder Geraden die Senkrechte durch die Punkte.
   c) Zeichne zu jeder Geraden die Parallele durch die Punkte. Miß die Abstände.

3. Zeichne ein Achsenkreuz und trage die Punkte ein. Verbinde die Punkte in alphabetischer Reihenfolge zu einer Figur.

   a) A(1|1), B(9|1), C(6|8), D(10|8), E(10|10), F(6|10), G(6|12), H(8|12), K(8|17), L(2|17), M(2|12), N(4|12), P(4|10), Q(0|10), R(0|8), S(4|8), T(1|1).

   b) A(3|1), B(5|1), C(5|8), D(8|8), E(5|11), F(7|11), G(5|13), H(6|13), K(5|15), L(4|18), M(3|15), N(2|13), P(3|13), Q(1|11), R(3|11), S(0|8), T(3|8), U(3|1).

4. Zeichne die Rechtecke.

	a)	b)	c)	d)	e)	f)	g)	h)	i)
Länge	6 cm	13 cm	18 cm	4,5 cm	7,5 cm	9,5 cm	4,6 cm	5,3 cm	11,7 cm
Breite	4 cm	6 cm	2 cm	1,5 cm	7,5 cm	3,5 cm	4,6 cm	5,7 cm	0,8 cm

5. Zeichne jeweils in ein Achsenkreuz. Trage die vier Punkte ein und verbinde sie der Reihe nach. Schreibe den Namen des Vierecks dazu.

   a) A(0|0), B(10|0), C(10|10), D(0|10)   b) A(2|1), B(8|1), C(10|10), D(4|10)

   c) A(5|2), B(8|5), C(5|8), D(2|5)   d) A(1|1), B(9|1), C(9|5), D(1|5)

   e) A(6|1), B(10|5), C(7|8), D(3|4)   f) A(3|3), B(10|3), C(7|6), D(0|6)

6. a) Welche Figuren sind Würfelnetze?
   b) Zeichne die Würfelnetze. Färbe gegenüberliegende Flächen mit der gleichen Farbe.

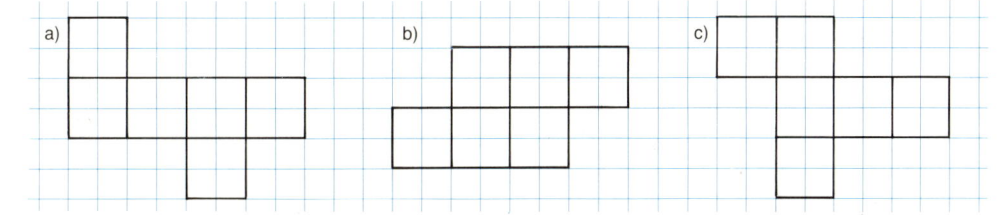

4 Rechnen mit natürlichen Zahlen II

4.1 Multiplizieren und Dividieren

Multiplizieren

Thomas, Stefanie, Antje und Dirk bestimmen die Anzahl der Fenster in dem Hochhaus.

Thomas:
$4+4+4+4+4+4+4+4=32$
Antje:
$8+8+8+8=32$

Stefanie:
$8 \cdot 4 = 32$
Dirk:
$4 \cdot 8 = 32$

Produkt
Vertauschungs-
gesetz
(Kommutativ-
gesetz)

Addieren
$\underbrace{8+8+8+8+8}_{5 \text{ Summanden}} = 40$

Multiplizieren
$\underset{\text{1. Faktor}}{5} \cdot \underset{\text{2. Faktor}}{8} = \underset{\text{Produkt}}{40}$

Beim Multiplizieren darf man die Faktoren vertauschen: $\underset{40}{5 \cdot 8} = \underset{40}{8 \cdot 5}$

Übungen

1. Berechne das Produkt im Kopf.

a) $9 \cdot 7$	b) $8 \cdot 7$	c) $6 \cdot 8$	d) $12 \cdot 8$	e) $15 \cdot 8$	f) $7 \cdot 16$
$8 \cdot 5$	$7 \cdot 5$	$8 \cdot 9$	$6 \cdot 12$	$9 \cdot 12$	$5 \cdot 19$
$5 \cdot 6$	$5 \cdot 7$	$8 \cdot 6$	$15 \cdot 6$	$16 \cdot 5$	$18 \cdot 9$
$4 \cdot 9$	$9 \cdot 6$	$7 \cdot 7$	$7 \cdot 11$	$4 \cdot 13$	$17 \cdot 6$

2.
a) $4 \cdot 20$	b) $5 \cdot 40$	c) $4 \cdot 60$	d) $9 \cdot 60$	e) $7 \cdot 80$	f) $5 \cdot 70$
$6 \cdot 40$	$8 \cdot 30$	$9 \cdot 20$	$8 \cdot 50$	$7 \cdot 70$	$4 \cdot 80$
$80 \cdot 9$	$70 \cdot 8$	$60 \cdot 5$	$70 \cdot 6$	$40 \cdot 9$	$80 \cdot 8$
$70 \cdot 4$	$60 \cdot 4$	$40 \cdot 9$	$50 \cdot 5$	$70 \cdot 9$	$30 \cdot 7$

3. Schreibe als Multiplikation und berechne das Produkt.

a) $8+8+8+8+8+8$ b) $12+12+12+12$ c) $25+25+25+25+25+25$
d) $15+15+15+15$ e) $16+16+16+16+16$ f) $24+24+24+24$

4. Berechne die Produkte.

a) | 8 | 5 | 4 | 1 | 6 | 3 | 7 | 9 | · | 2 | 9 | 4 | 8 | 3 | 1 |

b) | 6 | 3 | 7 | 9 | 1 | 5 | 4 | 2 | · | 15 | 18 | 13 | 11 | 16 | 12 |

c) | 5 | 20 | 6 | 30 | 50 | 8 | 40 | 60 | · | 6 | 8 | 20 | 7 | 12 | 15 |

5. a) Vor dem Freibad stehen 8 Fahrradständer. In jeden Fahrradständer passen 15 Fahrräder. Wieviel Fahrräder können abgestellt werden?
b) In einem Parkhaus gibt es 7 Parkebenen. Auf jeder Parkebene können 65 Autos abgestellt werden. Wieviel Autos können geparkt werden?

Beispiel: Zwei Schulklassen mit 48 Schülerinnen und Schülern fahren mit der Kabinenbahn auf die Bergstation. Wie viele Gondeln sind dafür erforderlich?

Dividieren

Lösung: 48 : 4 = 12
Probe: 12 · 4 = 48

Antwort: Für die Klasse werden 12 Gondeln benötigt.

42	:	6	=	7		Probe: 7 · 6 = 42
1. Zahl		2. Zahl		Quotient		

Quotient

Übungen

1. Rechne im Kopf.
   - a) 24 : 6
     28 : 4
     30 : 10
   - b) 36 : 4
     35 : 5
     42 : 7
   - c) 40 : 4
     48 : 6
     32 : 8
   - d) 72 : 8
     48 : 8
     55 : 11
   - e) 28 : 7
     42 : 7
     72 : 9

2. - a) 240 : 6
     280 : 7
     450 : 5
   - b) 180 : 9
     360 : 6
     490 : 7
   - c) 350 : 7
     480 : 10
     300 : 6
   - d) 450 : 9
     810 : 10
     480 : 2
   - e) 640 : 8
     720 : 9
     500 : 10

3. Berechne den Quotienten und kontrolliere das Ergebnis durch eine Multiplikation.
   - a) 60 : 15
     90 : 15
     45 : 15
     75 : 15
   - b) 60 : 12
     36 : 12
     48 : 12
     72 : 12
   - c) 80 : 20
     60 : 20
     140 : 20
     180 : 20
   - d) 50 : 10
     200 : 10
     150 : 10
     400 : 10
   - e) 300 : 100
     400 : 100
     2400 : 100
     7000 : 100

4. Dividiere und überprüfe das Ergebnis durch eine Multiplikation.
   - a) 400 : 80
     480 : 80
     640 : 80
     240 : 80
   - b) 240 : 60
     300 : 60
     420 : 60
     540 : 60
   - c) 500 : 50
     300 : 50
     450 : 50
     250 : 50
   - d) 400 : 10
     8500 : 10
     360 : 10
     6000 : 10
   - e) 900 : 100
     5400 : 100
     4700 : 100
     8000 : 100

5. a) Die erste Zahl heißt 150, die zweite Zahl heißt 25. Berechne den Quotienten der beiden Zahlen.
   b) Durch welche Zahl muß man 96 dividieren, um 16 zu erhalten?
   c) Dividiert man eine Zahl durch 5, so erhält man 12. Wie heißt die Zahl?

6. Ein Brett von 240 cm Länge soll in sechs gleichlange Stücke zersägt werden. Wie lang ist ein Stück?

7. Sabine verpackt 180 Apfelsinen in Beutel. In einem Beutel sind 5 Apfelsinen. Wie viele Beutel erhält sie?

8. Für den Wochenmarkt verpackt Gärtner Baumann 420 Primeln in Steigen zu je 6 Stück. Wie viele Steigen möchte er verkaufen?

Vermischte Übungen

1. Rechne im Kopf.

a) 45 : 9	b) 6 · 12	c) 45 : 15	d) 7 · 20	e) 480 : 8	f) 900 : 90
7 · 80	48 : 12	6 · 15	120 : 20	9 · 70	700 : 70
280 : 7	12 · 9	75 : 15	240 : 60	560 : 80	720 : 80
40 · 5	84 : 12	9 · 15	60 · 8	210 : 70	360 : 40

2. a) Füttere die Schlange mit der Zahl 5 (8, 3, 9).
   b) Bei welcher Eingabe erhält man als Ausgabe 20 (40, 10, 70)?

3. Eine Kugel Eis kostet 60 Pf.
   a) Petra nimmt 4 Kugeln. Wieviel DM muß sie bezahlen?
   b) Ralf muß 3 DM bezahlen. Wie viele Kugeln hat er genommen?

4. In eine Safterei füllt eine Maschine in einer Minute 50 Flaschen Obstsaft ab.
   a) Wie viele Flaschen füllt die Maschine in 8 Minuten (15 Minuten, 30 Minuten, 50 Minuten) ab?
   b) Wieviel Minuten braucht sie, um 500 Flaschen (750 Flaschen, 1000 Flaschen, 2000 Flaschen) abzufüllen?

5. Ulrike führt von einer Telefonzelle aus ein Ferngespräch. Eine Gesprächseinheit kostet 20 Pfennig. Insgesamt hat sie 3,60 DM eingeworfen. Wie viele Gesprächseinheiten dauert ihr Gespräch?

6. Auf einem städtischen Parkplatz gibt es sechs Parkreihen mit je 60 Stellplätzen, acht Parkreihen mit 50 Stellplätzen und fünf Reihen mit 60 Stellplätzen.
   a) Wie viele Autos können insgesamt auf dem Platz parken?
   b) Für eine Stunde Parkzeit müssen 50 Pf. bezahlt werden. Wie hoch ist die Einnahme in einer Stunde, wenn der Platz immer voll besetzt ist.

7. a) Herr Hoffmann kauft 6 Himbeersträucher und 3 Johannisbeersträucher. Er zahlt mit einem 100-DM-Schein. Wieviel Wechselgeld erhält er zurück?
   b) Frau Bechthold will 12 Himbeersträucher und 3 Brombeersträucher und einen Stachelbeerstrauch kaufen. Kommt sie mit 50 DM aus?
   c) Herr Bohrer legt eine Obstkultur an. Er pflanzt 6 Reihen Himbeeren mit je 15 Sträuchern und 8 Reihen Johannisbeeren mit je 12 Sträuchern. Wieviel DM kostet die Obstkultur.

> Es sind 180 Eier, denn 180 : 30 = 6

> Stimmt. 6 · 30 = 180

Umkehraufgaben

Multiplizieren		Dividieren
6 · 4 = 24	Umkehraufgaben	24 : 4 = 6
		24 : 6 = 4

Umkehraufgaben

1. Dividiere und kontrolliere das Ergebnis durch eine Multiplikation.

a) 40 : 8	b) 40 : 4	c) 120 : 40	d) 560 : 80	e) 1500 : 500
63 : 9	90 : 3	150 : 30	440 : 40	2400 : 100
45 : 5	100 : 5	280 : 10	360 : 30	8000 : 800
36 : 4	90 : 6	210 : 70	250 : 10	4500 : 500

Übungen

2. Bestimme die Platzhalter durch Umkehraufgaben.

a) ▨ : 6 = 8	b) ▨ : 8 = 9	c) ▨ : 5 = 7	d) ▨ : 4 = 7
▨ : 5 = 9	▨ : 5 = 6	▨ : 6 = 6	▨ : 3 = 8
▨ : 9 = 4	▨ : 4 = 4	▨ : 4 = 3	▨ : 5 = 7
▨ : 7 = 6	▨ : 7 = 7	▨ : 9 = 8	▨ : 8 = 8

3. Wie heißt die Zahl?
   a) Multipliziert man sie mit 7, so erhält man 28 (35, 77, 91, 140).
   b) Dividiert man sie durch 9, so erhält man 10 (20, 25, 40, 60, 100).
   c) Multpliziert man sie mit 30, so erhält man 60 (120, 180, 270, 3000).

Rechnen mit 1		Rechnen mit 0	
5 · 1 = 5	8 : 1 = 8	7 · 0 = 0	0 : 3 = 0
1 · 7 = 7	9 : 9 = 1	0 · 3 = 0	0 : 1 = 0

Rechnen mit 0 und 1

> Dividiere nie durch 0.

4.

a) 5 · 1	b) 38 · 1	c) 1 · 27	d) 15 : 15
9 : 1	75 · 0	0 · 18	15 : 1
0 · 36	0 : 1	48 : 1	45 : 45
0 : 8	0 · 1	1 : 1	0 : 45

Übungen

5.

a) 46 : 1	b) 17 : 17	c) 1 · 27	d) 1000 · 0
23 · 0	27 · 1	60 · 0	66 : 66
1 · 70	75 : 75	58 : 1	0 · 2
50 · 0	0 : 9	71 : 71	0 : 100

4.2 Rechengesetze und Rechenvorteile

1. Vergleiche die Rechnungen und die Ergebnisse bei Karin und Carsten.

Punktrechnung vor Strichrechnung

Punktrechnung (· und :) geht vor Strichrechnung (+ und −).

Was in der Klammer steht, wird zuerst berechnet.

Klammerregel

Übungen

2. Beachte die Regel „Punktrechnung geht vor Strichrechnung".

a) 7 + 3 · 5	b) 6 · 8 − 3	c) 18 − 8 : 2	d) 36 − 18 : 9
8 + 7 · 2	7 · 9 − 9	45 − 15 : 3	45 : 9 − 4
14 − 4 · 3	15 − 5 · 3	16 : 4 − 2	42 : 6 − 4
16 − 6 · 1	24 − 4 · 5	48 : 12 − 4	56 − 36 : 18

3. Beachte die Klammerregel.

a) (4 + 6) · 8	b) 5 · (4 + 16)	c) 35 : (4 + 1)	d) 40 : (2 + 6)
(13 + 7) · 5	(6 + 7) · 5	(8 + 7) : 5	(36 + 4) : 8
(18 − 3) · 4	(17 − 3) · 3	(27 − 2) : 9	(17 − 2) : 1
(32 − 7) · 6	9 · (14 − 9)	28 : (15 − 8)	36 : (13 − 9)

4. Schreibe den Rechenausdruck auf und berechne ihn.
a) Multipliziere die Summe von 3 und 7 mit 6.
b) Dividiere 42 durch die Differenz von 14 und 8.
c) Addiere zu 15 das Produkt aus 5 und 4.

5. a) Multipliziere die Summe von 16 und 4 mit 3.
b) Dividiere die Summe von 25 und 5 durch 6.
c) Dividiere 36 durch die Differenz von 14 und 5.
d) Subtrahiere von 25 die Summe von 12 und 3.

6. Berechne und vergleiche.
a) (68 − 15) · 4 und 68 − 15 · 4
b) (48 : 4) − 10 und 48 : 4 − 10
c) (3 · 4) − (12 : 6) und 3 · 4 − 12 : 6
d) (50 − 10) : 2 und 50 − 10 : 2
e) 36 : (12 − 3) und 36 : 12 − 3
f) 40 · (7 − 3) und 40 · 7 − 3

7. Setze Klammern, so daß die Ergebnisse stimmen.

a) 2 + 2 · 2 = 8	b) 82 · 7 − 7 = 0	c) 45 − 9 : 3 = 12	d) 80 : 10 − 2 = 10
2 + 9 · 2 = 22	7 · 9 − 6 = 21	20 + 8 : 2 = 14	30 − 27 : 3 = 1
6 · 8 − 3 = 30	5 + 4 · 2 = 18	70 : 7 + 3 = 7	32 − 8 : 4 = 6

Verbindungsgesetz

Eva rechnet: (5 · 8) · 6
             40 · 6 = 240

Martin rechnet: 5 · (8 · 6)
                 5 · 48 = 240

1. Erkläre die beiden Rechenwege.

> Beim Multiplizieren darf man die Faktoren beliebig durch Klammern zusammenfassen.
> (3 · 5) · 8 = 3 · (5 · 8)
>   15 · 8 = 3 · 40
>   120   120

Verbindungsgesetz (Assoziativgesetz)

2. Wie viele Schachteln sind gestapelt? Rechne auf verschiedene Arten.

Übungen

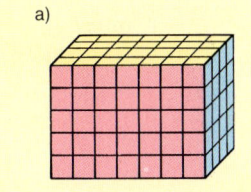

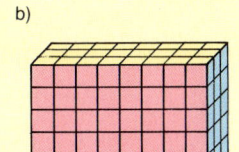

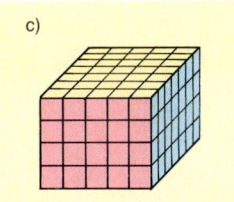

a)   b)   c)

3. Die Obsthandlung Wagner kauft 12 Kartons Äpfel. In jedem Karton liegen 4 Schichten. Jede Schicht enthält 20 Äpfel. Berechne die Anzahl der Äpfel auf zwei verschiedene Arten.

4. Berechne und vergleiche.
    a) (20 · 3) · 5 und 20 · (3 · 5)   b) (30 · 6) · 10 und 30 · (6 · 10)
       15 · (6 · 4) und (15 · 6) · 4   40 · (3 · 5) und (40 · 3) · 5
       25 · (4 · 8) und (25 · 4) · 8   50 · (2 · 7) und (50 · 2) · 7

5. Rechne vorteilhaft mit dem Verbindungsgesetz.
    a) 2 · 5 · 9   b) 6 · 20 · 5   c) 8 · 7 · 125   d) 25 · 98 · 4
       20 · 5 · 8   11 · 25 · 4   125 · 5 · 8   5 · 13 · 20
       50 · 2 · 14   17 · 250 · 4   4 · 14 · 250   50 · 66 · 4

6. Berechne und vergleiche.
    a) (60 : 10) : 2 und 60 : (10 : 2)   b) (64 : 8) : 4 und 64 : (8 : 4)
       (24 : 6) : 2 und 24 : (6 : 2)   (200 : 20) : 5 und 200 : (20 : 5)
       (90 : 15) : 3 und 90 : (15 : 3)   (400 : 40) : 4 und 400 : (40 : 4)

Verteilungs- | Doris und Bernd kaufen Fruchtsaft ein:
gesetz | Vier Tüten Orangensaft und vier Tüten Traubensaft. Wieviel DM müssen sie bezahlen?

Doris rechnet: $4 \cdot 110 + 4 \cdot 160$ Bernd rechnet: $4 \cdot (110 + 160)$
$\qquad\qquad\quad = 440 + 640$ $\qquad\qquad\quad\ = 4 \cdot 270$
$\qquad\qquad\quad = 1080$ $\qquad\qquad\quad\ = 1080$

Antwort: Sie müssen 10,80 DM bezahlen.

1. Frau Ackermann kauft drei Tüten Apfelsaft und drei Tüten Orangensaft. Berechne den Preis auf verschiedene Arten.

2. Für eine Kinovorstellung wurden im Vorverkauf 35 Karten zu 6 DM verkauft. Zu Beginn der Vorstellung wurden 5 Karten zurückgegeben. Berechne auf verschiedene Arten die Einnahme des Vorverkaufs.

Verteilungs-
gesetz
(Distributiv-
gesetz)

$4 \cdot 12 + 4 \cdot 8 = 4 \cdot (12 + 8)$

$4 \cdot 20 - 4 \cdot 8 = 4 \cdot (20 - 8)$

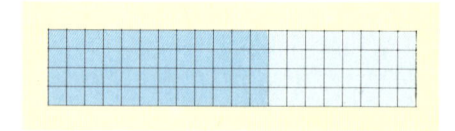

Übungen

3. Übertrage ins Heft, setze ein und berechne.

a) $7 \cdot 8 + 7 \cdot 2 = 7 \cdot (\blacksquare + \blacksquare) = 7 \cdot \blacksquare$
$\quad 5 \cdot 9 + 5 \cdot 4 = 5 \cdot (\blacksquare + \blacksquare) = 5 \cdot \blacksquare$
$\quad 9 \cdot 6 + 9 \cdot 8 = 9 \cdot (\blacksquare + \blacksquare) = 9 \cdot \blacksquare$

b) $12 \cdot 8 - 7 \cdot 8 = (\blacksquare - \blacksquare) \cdot 8 = \blacksquare \cdot 8$
$\quad 14 \cdot 6 - 6 \cdot 6 = (\blacksquare - \blacksquare) \cdot 6 = \blacksquare \cdot 6$
$\quad 15 \cdot 7 - 9 \cdot 7 = (\blacksquare - \blacksquare) \cdot 7 = \blacksquare \cdot 7$

4. Berechne mit dem Verteilungsgesetz.

a) $8 \cdot 4 + 8 \cdot 6$
$\quad 7 \cdot 5 + 7 \cdot 3$
$\quad 9 \cdot 7 + 9 \cdot 13$

b) $6 \cdot 9 - 6 \cdot 4$
$\quad 9 \cdot 8 - 3 \cdot 8$
$\quad 8 \cdot 6 - 4 \cdot 6$

c) $8 \cdot 18 + 2 \cdot 18$
$\quad 23 \cdot 5 - 16 \cdot 5$
$\quad 12 \cdot 45 - 2 \cdot 45$

d) $88 \cdot 14 + 12 \cdot 14$
$\quad 104 \cdot 27 - 4 \cdot 27$
$\quad 36 \cdot 48 + 64 \cdot 48$

5. a) $12 \cdot 7 - 8 \cdot 7$
$\quad\ \ 9 \cdot 7 - 9 \cdot 5$
$\quad\ \ 9 \cdot 17 - 9 \cdot 12$

b) $8 \cdot 9 + 8 \cdot 4$
$\quad 9 \cdot 8 + 7 \cdot 8$
$\quad 8 \cdot 8 + 3 \cdot 8$

c) $8 \cdot 18 - 5 \cdot 18$
$\quad 25 \cdot 7 + 15 \cdot 7$
$\quad 12 \cdot 47 - 2 \cdot 47$

d) $38 \cdot 14 - 28 \cdot 14$
$\quad 87 \cdot 29 + 13 \cdot 29$
$\quad 58 \cdot 48 - 58 \cdot 46$

6. Rechne vorteilhaft wie im Beispiel. Verwende das Verteilungsgesetz.

1. Beispiel: $7 \cdot 62 = 7 \cdot (60 + 2)$
$\qquad\qquad\quad = 7 \cdot 60 + 7 \cdot 2$
$\qquad\qquad\quad = 420 + 14$
$\qquad\qquad\quad = 434$

2. Beispiel: $8 \cdot 97 = 8 \cdot (100 - 3)$
$\qquad\qquad\quad = 8 \cdot 100 - 8 \cdot 3$
$\qquad\qquad\quad = 800 - 24$
$\qquad\qquad\quad = 776$

a) $8 \cdot 201$
$\quad 7 \cdot 302$
$\quad 604 \cdot 5$

b) $99 \cdot 12$
$\quad 15 \cdot 99$
$\quad 99 \cdot 28$

c) $7 \cdot 498$
$\quad 299 \cdot 6$
$\quad 3 \cdot 999$

d) $298 \cdot 6$
$\quad 199 \cdot 3$
$\quad 5 \cdot 401$

7. Herr Durster kauft für seine Wirtschaft ein: 4 kg Schinkenwurst (Kilogrammpreis 11 DM), 4 kg Aufschnitt (Kilogrammpreis 12 DM), 4 Kilogramm Fleischkäse (Kilogrammpreis 10 DM). Berechne den Gesamtpreis.

Vermischte Übungen

1. Die „Formbau AG" hat drei Hochhäuser mit je acht Etagen gebaut. Jede Etage hat sechs Wohnungen. Wie viele Wohnungen können bezogen werden? Rechne auf zwei Arten.

2. In einem Wohngebiet stehen fünf Hochhäuser mit je 12 Etagen. In jeder Etage liegen acht Wohnungen. Wie viele Wohnungen gibt es in den Hochhäusern. Rechne auf zwei Arten.

3. Rechne vorteilhaft wie im Beispiel.

   Beispiel: $36 \cdot 25 = (9 \cdot 4) \cdot 25$
   $= 9 \cdot (4 \cdot 25)$
   $= 9 \cdot 100$
   $= 900$

   a) $48 \cdot 25$
   $34 \cdot 25$
   $25 \cdot 36$
   $25 \cdot 44$

   b) $26 \cdot 50$
   $44 \cdot 50$
   $50 \cdot 46$
   $50 \cdot 82$

   c) $32 \cdot 250$
   $48 \cdot 250$
   $250 \cdot 16$
   $250 \cdot 24$

   d) $32 \cdot 25$
   $20 \cdot 75$
   $12 \cdot 250$
   $250 \cdot 16$

4. Rechne vorteilhaft.

   a) $5 \cdot 17 \cdot 2$
   $5 \cdot 88 \cdot 20$
   $8 \cdot 47 \cdot 125$

   b) $25 \cdot 13 \cdot 4$
   $20 \cdot 97 \cdot 50$
   $125 \cdot 76 \cdot 8$

   c) $2 \cdot 43 \cdot 50$
   $250 \cdot 47 \cdot 4$
   $5 \cdot 25 \cdot 2 \cdot 4$

   d) $20 \cdot 49 \cdot 5$
   $40 \cdot 26 \cdot 250$
   $50 \cdot 4 \cdot 25 \cdot 2$

5. Rechne vorteilhaft mit Hilfe des Verteilungsgesetzes.

   a) $7 \cdot 98$
   $8 \cdot 199$
   $6 \cdot 397$

   b) $9 \cdot 29$
   $8 \cdot 37$
   $9 \cdot 48$

   c) $8 \cdot 104$
   $7 \cdot 203$
   $5 \cdot 406$

   d) $19 \cdot 1001$
   $12 \cdot 1004$
   $15 \cdot 2002$

   e) $16 \cdot 201$
   $14 \cdot 203$
   $12 \cdot 305$

6. Welcher Text gehört zu welchem Rechenausdruck? Berechne den Wert.

   a) Addiere zu 25 den Quotienten aus 20 und 10 und subtrahiere 5.
   b) Multipliziere die Summe von 10 und 15 mit 8.
   c) Dividiere die Summe von 25 und 20 durch die Differenz von 10 und 5.
   d) Addiere zu 10 das Produkt von 15 und 8

   (A) $10 + 15 \cdot 8$
   (B) $(25 + 20) : (10 - 5)$
   (C) $(10 + 15) \cdot 8$
   (D) $25 + 20 : 10 - 5$
   (E) $25 + 20 : (10 - 5)$
   (F) $(25 + 20 : 10) - 5$

7. Welche Rechenausdrücke sind dargestellt? Schreibe sie auf und berechne sie.

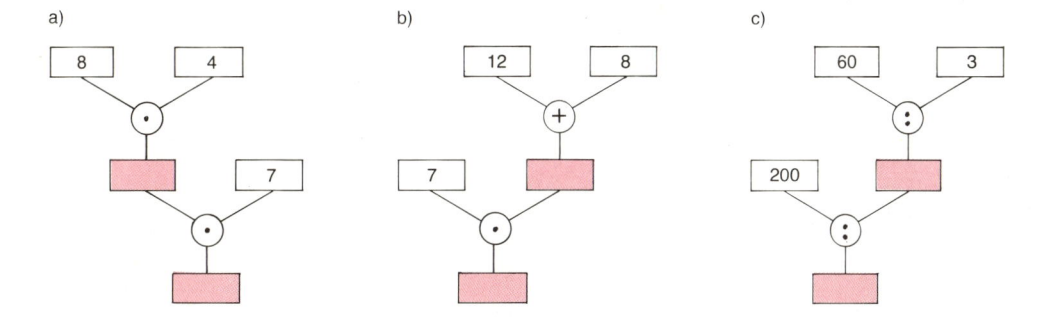

   a) 8, 4, ·, 7, ·
   b) 12, 8, +, 7, ·
   c) 60, 3, :, 200, :

Beispiel: Berechne den Wert des Rechenausdrucks (Terms).

  30 : (25 − 3 · 5)   Der Term ist ein Quotient. Was in der Klammer steht,
                     wird zuerst berechnet. Punktrechnung geht vor Strichrechnung.
  = 30 : (25 − 15)
  = 30 : 10
  = 3

1. Berechne zuerst die Klammern.

   a) 47 − (35 − 6 · 4)   b) 68 + (49 − 3 · 7)   c) 58 − (5 · 8 − 23)

       89 − (38 − 6 · 5)   58 + (93 − 5 · 9)   78 − (7 · 9 − 38)

       69 − (43 − 7 · 5)   76 + (93 − 7 · 9)   95 − (7 · 9 − 36)

2. Berechne den Wert der Terme.

   a) 40 : (12 + 2 · 4)   b) 8 · 6 : (5 · 3 − 9)   c) (100 − 30) : (2 · 4 + 2)

       56 : (12 − 28 : 7)   30 : 2 + (60 − 5 · 6)   (140 − 50) − (6 · 4 + 6)

       75 : (4 · 8 − 27)   (100 − 5 · 4) − 6 · 5   (8 − 0 · 2) · (8 + 2 : 1)

3. a) (2 · 5 + 6) · (2 · 8 − 13)   b) (3 · 8 + 1) · (8 · 4 − 30)   c) (9 · 2 − 3) · (5 · 4 − 15)

       (6 · 5 + 2) · (8 · 1 − 3)   (6 · 8 + 2) · (5 · 7 − 35)   (8 · 7 − 6) · (5 · 9 − 35)

       (2 · 7 + 6) · (5 · 8 − 30)   (3 · 9 + 3) · (7 · 4 − 20)   (8 · 6 + 2) · (6 · 4 − 14)

4. Stelle den Term auf und berechne ihn.
   a) Multipliziere die Summe von 16 und 14 mit der Differenz von 25 und 20.
   b) Dividiere die Differenz von 48 und 36 durch die Differenz von 24 und 20.
   c) Bilde die Differenz von 27 und dem Quotienten aus 48 und 8.
   d) Addiere zum Produkt von 16 und 4 die Differenz von 16 und 4.

5. a) Bilde die Differenz aus dem Produkt von 18 und 5 und dem Produkt von 19 und 3.
   b) Vermindere den Quotienten von 100 und 20 um das Produkt von 2 und 2.
   c) Vervielfache die Summe aus 30 und 6 mit der Differenz aus 15 und 12.

6. Zu welchem Rechenbaum gehört der Text? Berechne den Term.
   a) Vermehre die Differenz von 60 und 30 um den Quotienten von 80 und 40.
   b) Vervielfache die Summe von 60 und 30 mit der Differenz von 80 und 40.
   c) Vermindere den Quotienten von 60 und 30 um den Quotienten von 80 und 40.

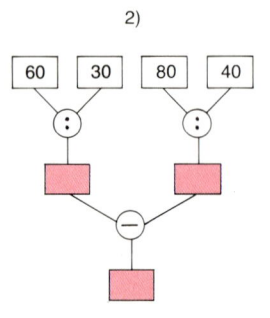

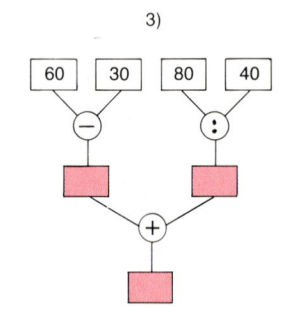

    1) 60, 30, 80, 40 — (+), (−), (·)
    2) 60, 30, 80, 40 — (:), (:), (−)
    3) 60, 30, 80, 40 — (−), (:), (+)

7. Stelle den Term auf und zeichne einen Rechenbaum.
   a) Vermindere das Produkt von 20 und 15 um die Differenz von 60 und 30.
   b) Bilde den Quotienten aus der Summe von 38 und 22 und der Differenz von 36 und 21.

4.3 Schriftliches Multiplizieren

Holger soll ausrechnen, wieviel 4 mal 182 ist. Da er es mit Kopfrechnen nicht schafft, schreibt er die Teilschritte auf.

```
  1 8 2 · 4
  1 0 0 · 4 = 4 0 0
      8 0 · 4 = 3 2 0
           2 · 4 =     8
  1 8 2 · 4 = 7 2 8
```

1. a) Erkläre das Verfahren.
b) Prüfe das Ergebnis durch einen Überschlag.
c) Vergleiche mit der Kurzform.

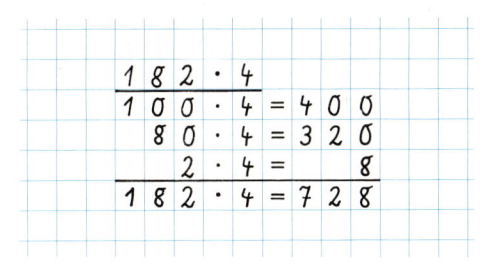

```
  1 8 2 · 4
      7 2 8
```
Überschlag:
$200 \cdot 4 = 800$

Übungen

2.
a)	b)	c)	d)	f)
324 · 2	1221 · 4	503 · 7	7016 · 5	41 013 · 6
123 · 3	2013 · 3	975 · 6	9152 · 8	16 111 · 9
201 · 4	1405 · 2	194 · 5	4408 · 9	71 249 · 3
103 · 5	5023 · 3	206 · 8	1846 · 3	17 147 · 7
312 · 6	3412 · 4	756 · 4	3192 · 5	20 048 · 8

3.

						a)	b)	c)	d)	e)	f)
503	2412	4091	16 008	54 321	·	3	5	4	7	9	8

4.
a)	b)	c)
614 · 20	731 · 300	872 · 3000
832 · 30	1705 · 800	3512 · 800
607 · 50	3216 · 50	6009 · 5000
314 · 40	8054 · 200	7777 · 4000

Beispiel:
```
  7 4 3 · 2 0
  1 4 8 6 0
```

5. In einem Karton sind 24 Tüten Kakao. Der Hausmeister bestellt 8 Kartons.

6. Ein Rad an einem Fahrrad hat 36 Speichen. Herr Ruck muß 6 Vorderräder einspeichen. Wie viele Speichen benötigt er?

7. Der Rundkurs bei einem Fahrradrennen hat eine Länge von 128 km. Er wird dreimal durchfahren. Über welche Entfernung geht das Rennen?

8. Frau Marz fährt jeden Tag 218 km. Wieviel Kilometer fährt sie in 6 Tagen?

Merkwürdige Ergebnisse!

$12 \cdot 9 + 2 =$ ▢
$123 \cdot 9 + 3 =$ ▢
$1234 \cdot 9 + 4 =$ ▢
$12345 \cdot 9 + 5 =$ ▢
$123456 \cdot 9 + 6 =$ ▢
$1234567 \cdot 9 + 7 =$ ▢
$12345678 \cdot 9 + 8 =$ ▢
$123456789 \cdot 9 + 9 =$ ▢

Welche Ziffern kommen im Ergebnis vor?

$12345679 \cdot 2 =$ ▢
$12345679 \cdot 3 =$ ▢
$12345679 \cdot 4 =$ ▢
$12345679 \cdot 5 =$ ▢
$12345679 \cdot 6 =$ ▢
$12345679 \cdot 7 =$ ▢
$12345679 \cdot 8 =$ ▢
$12345679 \cdot 9 =$ ▢

Beispiel

```
4382 · 286  =
─────────────────────
4382 · 200 =  876 400
4382 ·  80 =  350 560
4382 ·   6 =   26 292
─────────────────────
4382 · 286 = 1 253 252
```

Überschlag:
4000 · 300 = 1 200 000

```
  4 3 8 2 · 2 8 6
      8 7 6 4
    3 5 0 5 6
    2 6 2 9 2
    ¹ ¹ ¹ ¹
  1 2 5 3 2 5 2
```

1. Erkläre die Rechenschritte.

Übungen

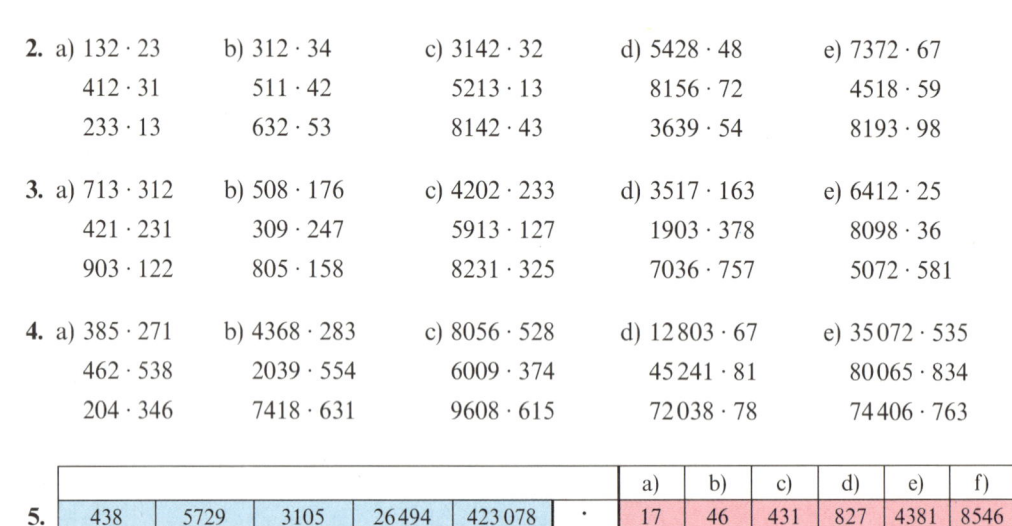

2.
a) 132 · 23	b) 312 · 34	c) 3142 · 32	d) 5428 · 48	e) 7372 · 67
412 · 31	511 · 42	5213 · 13	8156 · 72	4518 · 59
233 · 13	632 · 53	8142 · 43	3639 · 54	8193 · 98

3.
a) 713 · 312	b) 508 · 176	c) 4202 · 233	d) 3517 · 163	e) 6412 · 25
421 · 231	309 · 247	5913 · 127	1903 · 378	8098 · 36
903 · 122	805 · 158	8231 · 325	7036 · 757	5072 · 581

4.
a) 385 · 271	b) 4368 · 283	c) 8056 · 528	d) 12 803 · 67	e) 35 072 · 535
462 · 538	2039 · 554	6009 · 374	45 241 · 81	80 065 · 834
204 · 346	7418 · 631	9608 · 615	72 038 · 78	74 406 · 763

5.
						a)	b)	c)	d)	e)	f)
438	5729	3105	26 494	423 078	·	17	46	431	827	4381	8546

6. Familie Weller bezahlt monatlich 528 DM Miete. Wieviel bezahlt sie in einem Jahr?

7. Ein Schulzentrum erhält täglich 78 Kisten Milch. In einer Kiste sind 24 Tüten.

8. Eine Ferienwohnung kostet täglich 89 DM. Familie Mühl bucht drei Wochen.

9. Auf dem Campingplatz berechnet der Verwalter für Familie Kupferschmidt täglich 38 DM. Sie bleibt 26 Tage dort. Wieviel müssen sie am Ende bezahlen?

10. Herr Bacher fährt von zu Hause bis zu seinem Arbeitsplatz 18 km. Wieviel Kilometer fährt er
a) in einer Woche (5 Arbeitstage)   b) in einem Monat (23 Arbeitstage)?

11. Frau Kempe hat einen Sparvertrag über 48 Monate abgeschlossen. Die monatliche Rate beträgt 135 DM. Wieviel hat sie am Ende einbezahlt?

12. Gärtner Hammer verkauft 782 Edeltannen, das Stück zu 24 DM.

13. Wieviel Schrauben sind es insgesamt? In einer Kiste sind

a) 24 Schrauben   b) 72 Schrauben   c) 256 Schrauben

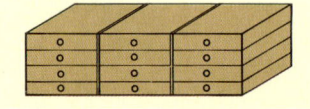

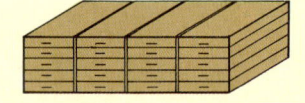

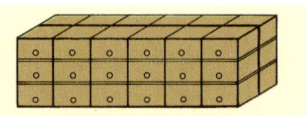

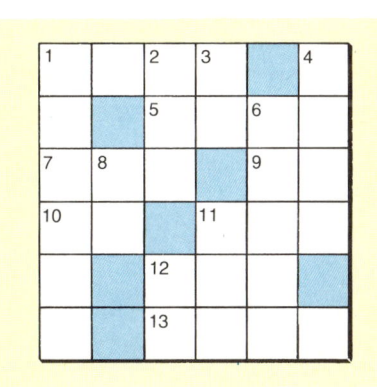

Beispiele

```
  6 8 3 · 5 2 0      Überschlag:
  3 4 1 5
    1 3 6 6 0        700 · 500 =
        1            350 000
  3 5 5 1 6 0
```

```
  7 2 4 · 4 0 8      Überschlag:
  2 8 9 6 0
      5 7 9 2        700 · 400 =
      1 1            280 000
  2 9 5 3 9 2
```

Aufpassen bei Nullen!

Übungen

14. Rechne wie im Beispiel.

a) 471 · 310   b) 143 · 5600   c) 633 · 102   d) 1503 · 406   e) 3008 · 501
243 · 250   1058 · 2300   1432 · 803   3078 · 230   4750 · 6104
93 · 780   731 · 1720   816 · 705   6183 · 5040   1809 · 2300
605 · 190   2506 · 3400   2683 · 307   4728 · 6038   5007 · 8030

15.

							a)	b)	c)	d)	e)
435	305	1098	3060	7504	12 038	·	78	130	405	3021	5070

16. Das Ergebnis jeder Aufgabe führt dich auf die nächste Rechnung. Zum Schluß erhältst du eine runde Zahl. Beachte: Punktrechnung vor Strichrechnung.

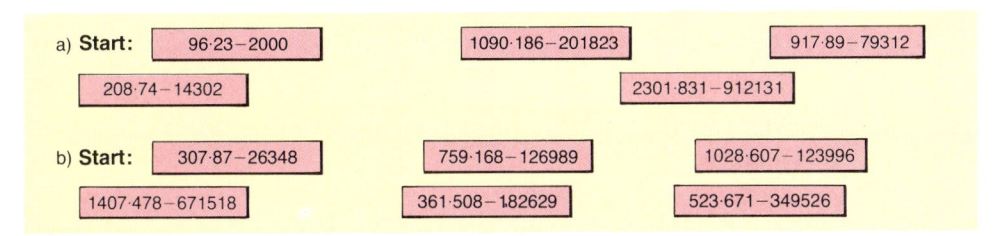

a) Start: 96 · 23 − 2000   1090 · 186 − 201823   917 · 89 − 79312
208 · 74 − 14302   2301 · 831 − 912131

b) Start: 307 · 87 − 26348   759 · 168 − 126989   1028 · 607 − 123996
1407 · 478 − 671518   361 · 508 − 182629   523 · 671 − 349526

17. Die Ergebnisse der folgenden Rechnungen sind besondere Zahlen.

a) 3085 · 8   b) 556 223 · 9   c) 31 746 · 7   d) 15 873 · 63   e) 643 · 192
3 393 117 · 4   31 893 · 24   17 094 · 39   12 345 679 · 36   333 667 · 296

18. Das Herz eines Menschen schlägt etwa 70mal pro Minute. Wie viele Herzschläge sind das
a) in einer Stunde,   b) in einem Tag,   c) in 365 Tagen?

Das geht ja kreuz und quer!

waagerecht:
1. 23 · 49
5. 538 · 18
7. 7* · 9
9. 1* · 7
10. 1* · 6
11. 17 · 2*
12. 41 · *8
13. *87 · 8

senkrecht:
1. 365 · 402
2. 23 · 1*
3. 1* · 4
4. 196 · 28
6. 623 · 143
8. 8 · *
11. 27 · 1*
12. *8 · 4

4.4 Schriftliches Dividieren

Dividieren durch einstellige Zahlen

1. Beispiel: 3228 : 6 =

Überschlag: 3000 : 6 = 500

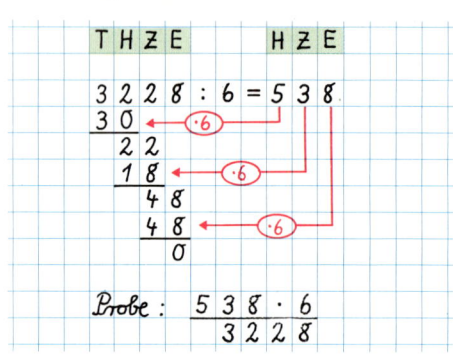

```
T H Z E    H Z E
3 2 2 8 : 6 = 5 3 8
3 0              (·6)
  2 2
  1 8            (·6)
    4 8
    4 8          (·6)
      0
```
Probe: 538 · 6 = 3228

2. Beispiel: 4835 : 8 =

Überschlag: 4800 : 8 = 600

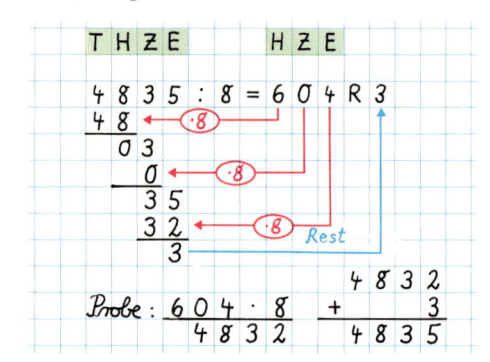

```
T H Z E    H Z E
4 8 3 5 : 8 = 6 0 4 R 3
4 8              (·8)
  0 3
    0            (·8)
    3 5
    3 2          (·8)  Rest
      3
```
Probe: 604 · 8 = 4832 + 3 = 4835

Übungen

1. Dividiere. Führe auch eine Überschlagsrechnung und eine Probe durch.

a) 1944 : 6	b) 2332 : 4	c) 1725 : 5	d) 2268 : 7	e) 2040 : 8
1614 : 6	1472 : 4	3415 : 5	3696 : 7	5104 : 8
5148 : 6	3308 : 4	4865 : 5	3486 : 7	5904 : 8

2.
a) 7280 : 5	b) 1134 : 9	c) 34244 : 7	d) 61184 : 8	e) 57078 : 6
10092 : 4	2205 : 9	71586 : 9	34385 : 5	62919 : 9
12782 : 7	22167 : 9	28758 : 6	83205 : 9	34788 : 4
8622 : 6	43758 : 9	31140 : 5	47096 : 7	27426 : 7

3. Achte auf Nullen im Ergebnis.

a) 3900 : 6	b) 5920 : 8	c) 5390 : 5	d) 24528 : 7	e) 200800 : 5
3650 : 5	23100 : 6	14238 : 7	31536 : 9	56480 : 8
5740 : 7	57600 : 9	18264 : 6	48320 : 8	211750 : 7
6840 : 9	26000 : 4	40536 : 8	42054 : 6	638100 : 9

4.
						a)	b)	c)	d)	e)
985	4306	72450	132580	481960	:	5	8	7	6	9

5.
						a)	b)	c)	d)	e)
1067	18370	97000	675009	1149120	:	6	5	8	7	9

6. Frau Schaper kauft drei gleiche Lampen. Sie muß 216 DM bezahlen.

7. In einer Lottogemeinschaft spielen 6 Personen mit gleichem Einsatz. Sie gewinnen 111378 DM. Wieviel erhält jeder?

8. Philipp macht mit seinem Freund eine fünftägige Radtour. Sie legen insgesamt 235 km zurück. Wieviel Kilometer fuhren sie durchschnittlich an einem Tag?

9. In sieben Jahren legte Herr Müller mit seinem Auto 122038 km zurück. Berechne den Jahresdurchschnitt.

Dividieren durch mehrstellige Zahlen

1. Beispiel: 5148 : 18 =

Überschlag: 5000 : 20 = 250

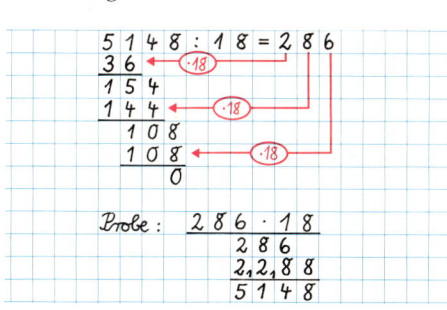

2. Beispiel: 16 265 : 32 =

Überschlag: 15 000 : 30 = 500

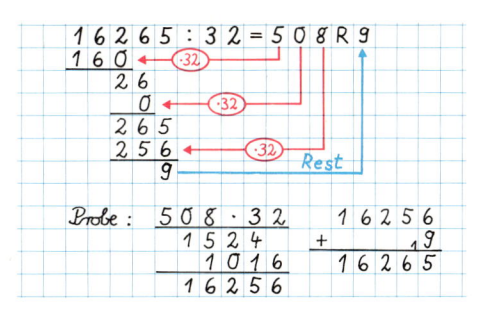

Übungen

1.
a)	b)	c)	d)	e)
1520 : 20	4700 : 30	50 720 : 80	58 740 : 90	214 800 : 600
2720 : 40	6860 : 50	72 540 : 90	63 222 : 70	307 800 : 900
1470 : 30	8250 : 40	37 520 : 70	39 498 : 80	425 600 : 700
1900 : 50	7120 : 60	66 080 : 80	46 550 : 70	580 100 : 800

2.
a)	b)	c)	d)	e)
4015 : 11	8883 : 21	20 130 : 15	45 556 : 14	109 184 : 32
6168 : 12	15 903 : 31	30 945 : 15	57 682 : 18	60 121 : 24
3420 : 12	24 805 : 41	71 575 : 25	72 530 : 16	153 594 : 42
9669 : 11	31 518 : 51	57 655 : 25	73 638 : 18	29 828 : 28

3.
						a)	b)	c)	d)	e)
12 600	13 500	105 820	47 100	412 776	:	70	600	36	52	420

4. Prüfe nach, ob die Gleichungen richtig oder falsch sind. Die Buchstaben der Antworten ergeben von oben nach unten gelesen ein Lösungswort.

a)
	richtig	falsch
1036 : 37 = 1260 : 45	S	F
5888 : 64 = 7695 : 81	P	E
34 830 : 86 = 24 070 : 58	R	S
8970 : 78 = 11 270 : 98	A	T
10 105 : 47 = 20 235 : 95	L	M

b)
	richtig	falsch
72 240 : 112 = 138 890 : 215	A	B
136 120 : 205 = 129 090 : 195	K	L
9438 : 121 = 11 232 : 144	U	A
64 272 : 312 = 82 824 : 406	R	M
223 485 : 705 = 160 719 : 507	E	K

5. Der Bus für eine Klassenfahrt kostet 546 DM. Es fahren 21 Schüler mit. Wieviel muß jeder bezahlen?

6. Ein Lieferwagen darf 3500 kg Ladung aufnehmen. Wie viele Kisten mit 75 kg kann er transportieren?

7. Eine Maschine füllt in einer Stunde 9000 Flaschen mit Mineralwasser. Wie viele Kisten mit je 24 Flaschen werden zum Transport benötigt?

8. Frau Lehnhardt möchte für etwa 10 000 DM T-Shirts bestellen. Ein Stück kostet 47 DM. Wie viele T-Shirts kann sie bestellen?

9. In der Fußgängerzone werden Pflastersteine in Reihen mit 68 Steinen verlegt. In einem Gebinde sind etwa 5000 Steine. Für wie viele Reihen reicht ein Gebinde?

Vermischte Übungen

1. a) 2584 · 23   b) 4082 · 213   c) 4083 · 340   d) 7257 · 602   f) 4608 · 1342
   6716 · 56   8406 · 627   9268 · 570   1936 · 408   8063 · 4090
   7238 · 95   15770 · 824   27500 · 680   30700 · 803   47009 · 6008

2. Die Reste der drei Ergebnisse ergeben zusammen eine Zehnerzahl.
   a) 3704 : 8   b) 12980 : 21   c) 11388 : 51   d) 45360 : 105   e) 87800 : 124
      4221 : 7   12144 : 24   16066 : 63   50250 : 110   92300 : 142
      9670 : 12   22824 : 32   19898 : 98   67770 : 112   113362 : 241

3. Vervollständige die Rechnungen in deinem Heft.

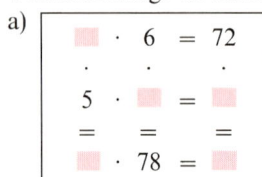

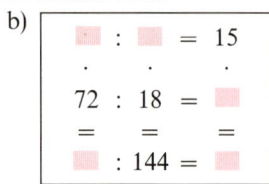

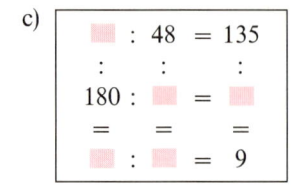

   a)
   ```
   ▩ ·  6 = 72
   ·  ·    ·
   5 ·  ▩ = ▩
   =    =   =
   ▩ · 78 = ▩
   ```

   b)
   ```
    ▩ :  ▩ = 15
    ·    ·   ·
   72 : 18 = ▩
    =    =   =
    ▩ : 144 = ▩
   ```

   c)
   ```
    ▩ : 48 = 135
    :   :    :
   180 : ▩ = ▩
    =   =    =
    ▩ : ▩ = 9
   ```

4. a) Multipliziere das Produkt von 18 und 35 mit 60.
   b) Multipliziere den Quotient aus 7200 und 48 mit 248.
   c) Multipliziere die Summe von 438 und 1209 mit 13.
   d) Multipliziere die Differenz von 53054 und 28206 mit 308.

5. a) Dividiere die Summe von 2407 und 6329 durch 16.
   b) Dividiere die Differenz von 200000 und 18845 durch 15.
   c) Dividiere das Produkt von 144 und 42 durch 28.
   d) Dividiere den Quotient aus 9792 und 8 durch 72.

6. *Mit welcher Zahl muß ich 76 malnehmen, damit das Ergebnis möglichst nahe bei 10.000 liegt?*

   Versuch doch mal zu dividieren.

   10.000 : 76 =

   Beispiel: 10000 : 76 = 131 R 44   131 · 76 = 9956   Der Unterschied zu 10000 ist 44.
                                                           132 · 76 = 10032 Der Unterschied zu 10000 ist 32.

   Ergebnis: Die gesuchte Zahl ist 132.
   Kannst du das Ergebnis auch am Rest beim Dividieren ablesen?

   Verfahre ebenso für folgende Zahlen:
   a) 38   b) 60   c) 95   d) 48   e) 107   f) 115

7. Bestimme die fehlenden Ziffern so, daß kein Rest bleibt.
   a) 10591* : 35   b) 5337* : 53   c) 850** : 112   d) 936** : 420
      22951* : 37   30115* : 85   2000** : 209   1403** : 802
      27333* : 42   23491* : 76   1163** : 230   1118** : 909

4.5 Sachaufgaben

Rekordbesuch bei der Hobby-Messe
In 8 Tagen 500 000 Besucher!

1498 DM
Anzahlung 388 DM
Rest in 6 gleichen Monatsraten

1. a) Wie viele Besucher waren durchschnittlich an einem Tag auf der Messe?
   b) Wie hoch ist eine Rate für den Fernseher?

2. Ein Fahrradhändler verkauft nach der „Tour de France" 27 Rennräder für insgesamt 16092 DM. Wieviel kostet ein Rennrad?

3. Esther möchte sich einen Rock häkeln. Sie kauft Wolle in verschiedenen Farben: 250 g natur und jeweils 50 g flieder, rot, dunkelgrün, sand, blau, gelb, hellgrün und rosa. 100 g Wolle kosten 9 DM. Wie teuer ist die Wolle?

4. Frau Wagner hat 205 Urlaubsbilder gemacht. Wie viele Filme mit 36 Bildern hat sie benötigt? Wie viele Bilder sind noch auf dem letzten Film?

5. Marion hat ein Buch mit 252 Seiten geliehen.
   a) Sie will es in einer Woche durchlesen. Wie viele Seiten muß sie durchschnittlich an einem Tag lesen?
   b) Auf jeder Seite sind 33 Zeilen mit durchschnittlich 8 Wörtern. Wie viele Wörter stehen etwa in dem Buch?

6. In einer Konservenfabrik werden in einen Karton 24 Dosen verpackt. Auf einer Palette stehen 60 Kartons.
   a) Herr Mold lädt auf einen Lkw 12 Paletten. Wie viele Dosen werden verladen?
   b) Eine Tagesproduktion beträgt 21600 Dosen. Wie viele Kartons und wie viele Paletten werden zum Versand benötigt?

7. Frau Schneider holt ihren neuen Wagen ab. Sie zahlt 6330 DM bar an. Für ihr altes Auto erhält sie noch 8700 DM. Den Rest bezahlt sie in sechs gleichen Monatsraten.
   Welchen Betrag muß Frau Schneider für eine Rate überweisen?

Autohaus Schwarz	
Rechnung Nr. 1033	
Wir liefern Ihnen:	
Modell D, 1,8 l	24 580,-
Cassettenradio	670,-
Kurbelschiebedach	985,-
Transportkosten und Brief	495,-

8. Eine Videoanlage kostet 2148 DM.
   a) Bei einem Ratenkauf beträgt die Anzahlung 138 DM und die monatliche Rate 335 DM. Wie viele Raten sind zu zahlen?
   b) Wie viele Raten ergeben sich für 168 DM Anzahlung und 165 DM monatliche Rate?

4.6 Übungen zur Wiederholung

1. Rechne im Kopf.

a) 7 · 8	b) 15 · 8	c) 16 · 9	d) 6 · 8 · 10	e) 48 : 4	f) 120 : 10
9 · 6	25 · 6	28 · 11	5 · 6 · 11	75 : 5	150 : 6
8 · 9	45 · 4	99 · 7	7 · 12 · 5	98 : 7	500 : 4

2. Multipliziere schriftlich.

a) 738 · 6	b) 738 · 40	c) 223 · 37	d) 841 · 124	e) 5060 · 3004
3591 · 8	3072 · 70	1364 · 48	736 · 508	2008 · 5070
8083 · 9	1590 · 80	2067 · 79	607 · 209	7305 · 4066

Lösungen zu 2:   4428   8251   28 728   29 520   65 472   72 747   104 284   126 863   127 200   163 293   215 040   373 888   10 180 560   15 200 240   29 702 130

3. Die Summe der Ergebnisse steht unter den Aufgaben.

a) 2524 : 4	b) 8496 : 12	c) 41 300 : 25	d) 49 950 : 75	e) 431 500 : 125
3766 : 7	10 080 : 15	23 700 : 60	38 912 : 38	432 550 : 410
3366 : 9	21 856 : 32	16 320 : 48	34 080 : 96	578 985 : 605
1543	2063	2387	2045	5464

4. Alle Ergebnisse haben den gleichen Rest.

a) 7541 : 14   b) 12 201 : 24   c) 148 779 : 45   d) 536 535 : 82   e) 454 813 : 148

5.
a) (483 + 275) · 14
(5407 − 964) · 56
(9718 + 805) · 73
1 027 599

b) (1724 + 79 + 605) · 134
(5008 + 86 − 3407) · 508
(8431 − 384 − 4989) · 377
2 332 534

c) (4726 + 446) : 12
(18 572 − 6364) : 16
(6726 + 3678) : 34
1500

6. Wieviel Blatt Papier wurden zur Herstellung der Schülerzeitung benötigt?

> **Prisma**
> *die aktuelle Schülerzeitung*
> heute **24** Seiten
> Auflage **450**

7. Bei einer Klassenfahrt kostet der Bus 370 DM und die Stadtführung 38 DM. Es fahren 24 Schüler mit. Wieviel muß jeder bezahlen?

8. In der Gärtnerei Binder werden Rosen verpackt. Jeder Strauß hat 12 Rosen. In einen Karton kommen 8 Sträuße. 24 Kartons passen in eine Kiste.
Es werden 6 Kisten Rosen bestellt. Wie viele Rosen müssen geschnitten werden?

9. Eine Kabinenbahn hat eine Tragkraft von 1800 kg oder 24 Personen.
a) Von welchem mittleren Gewicht einer Person wird ausgegangen?
b) Für die Almwirtschaft werden 15 Kisten mit je 30 kg eingeladen. Wie viele Personen dürfen noch mitfahren?

Lösungen zu 6 bis 9:   17   18   75   10 800   13 824

5 Spiegeln und Verschieben

5.1 Achsensymmetrische Figuren

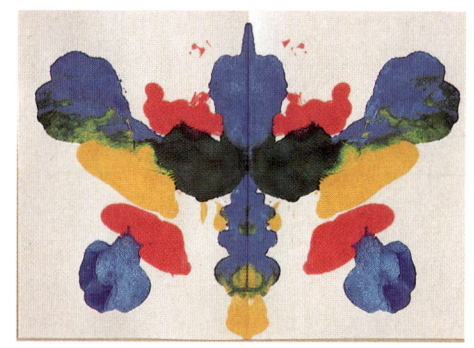

1. a) Woran erkennst du auf den Bildern, daß die Figuren achsensymmetrisch sind?
b) Überprüfe mit einem Taschenspiegel.

2. Nenne weitere Figuren, die achsensymmetrisch sind.

> Eine **achsensymmetrische Figur** besteht aus zwei Teilen, die sich beim Zusammenfalten genau decken.
> Die Faltachse heißt **Symmetrieachse** oder **Spiegelachse.**

achsen-symmetrisch

3. Stelle achsensymmetrische Figuren als Klecksbilder her. Zeichne die Symmetrieachse ein.

Übungen

4. Welche Figuren besitzen eine Symmetrieachse? Überprüfe mit dem Taschenspiegel.

5. a) Falte ein Blatt Papier. Zeichne eine Figur darauf. Schneide die Figur aus und falte sie auseinander.
b) Klebe die achsensymmetrische Figur in dein Heft und zeichne die Symmetrieachse ein.

6. a) Es gibt achsensymmetrische Wörter. Finde weitere Beispiele.

b) Schreibe das Wort „MATHEMATIK" auf. Welche Buchstaben sind achsensymmetrisch?

c) Schreibe weitere achsensymmetrische Buchstaben auf. Manche haben mehrere Symmetrieachsen. Zeichne sie ein.

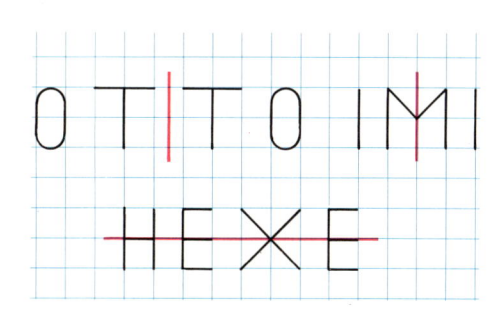

7. a) Übertrage die Figuren auf ein Blatt Karopapier. Zeichne die Symmetrieachse ein.

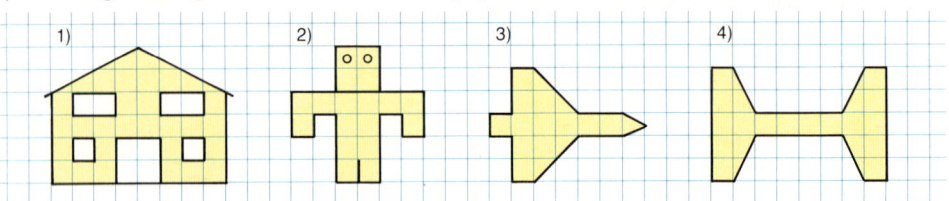

1) 2) 3) 4)

b) Schneide die Figuren aus und kontrolliere durch Falten, ob du die Spiegelachse richtig gezeichnet hast.

8. Übertrage die Figuren in dein Heft und zeichne alle Symmetrieachsen ein.

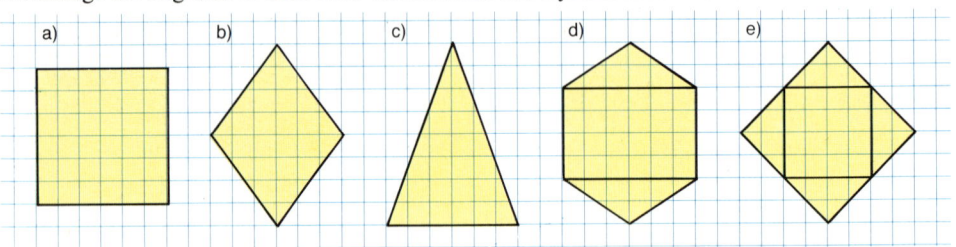

a) b) c) d) e)

9. a) Lege aus sechs Quadraten eine achsensymmetrische Figur. Zeichne die Figur in dein Heft und trage die Spiegelachse ein.
b) Finde weitere achsensymmetrische Figuren mit den sechs Quadraten.

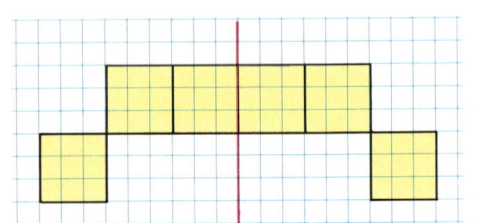

10. Übertrage die Figuren auf ein Blatt Karopapier. Finde die Spiegelachse durch Falten und zeichne sie ein.

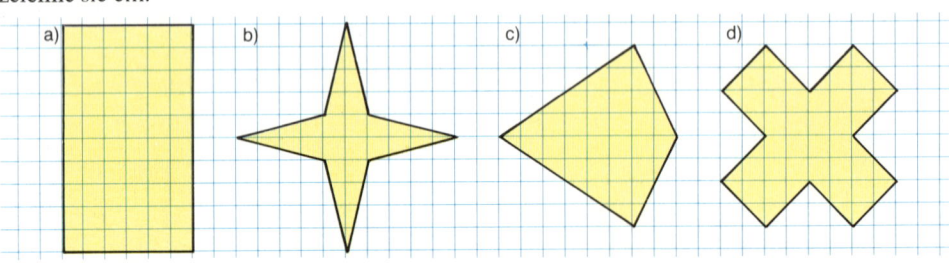

a) b) c) d)

11. a) Zeichne die Figuren in dein Heft.
b) Ermittle mit dem Geodreieck Punkte, die auf der Spiegelachse liegen. Zeichne die Spiegelachse ein. Kontrolliere mit dem Taschenspiegel.

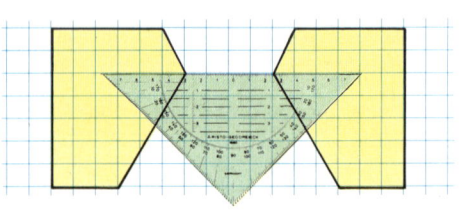

12. Zeichne ein Achsenkreuz und trage die Punkte ein. Verbinde die Punkte zu zwei Figuren. Beginne bei A und bei P. Ermittle die Spiegelachse und zeichne sie ein.

a) A(0|1), B(2|1), C(3|3), D(0|4);   P(4|1), Q(6|1), R(6|4), S(3|3)

b) A(8|5), B(14|5), C(13,5|6), D(10,5|6), E(9,5|8);   P(8|3), Q(9,5|0), R(10,5|2), S(13,5|2), T(14|3)

72

Achsenspiegelung

1. a) Manuela hat ein Blatt Papier gefaltet und auf ein Kohlepapier gelegt. Dann hat sie eine Figur gezeichnet. Was entsteht beim Auffalten?
   b) Stelle selbst Spiegelbilder her. Zeichne die Spiegelachse ein.

2. Übertrage die Figuren in dein Heft. Ergänze sie zu achsensymmetrischen Figuren.

Übungen

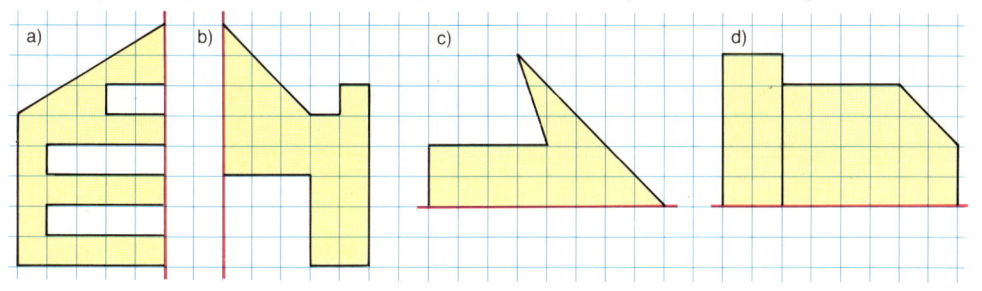

3. Zeichne die Figuren ab und spiegele sie an der roten Spiegelachse.

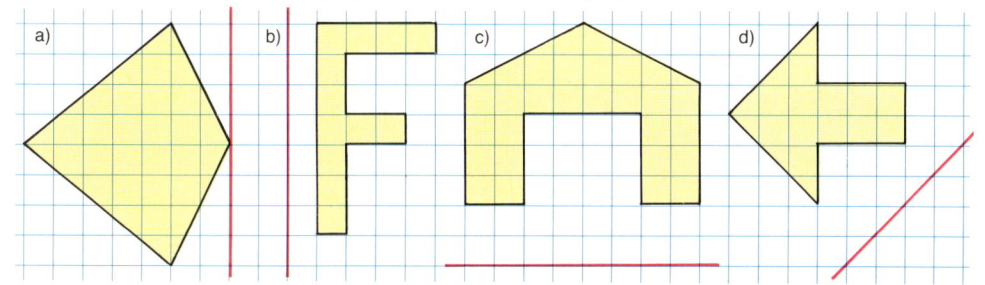

4. a) Die Schrift an dem Rettungsfahrzeug kannst du mit einem Spiegel gut lesen. Weshalb ist das Wort so geschrieben?

   b) Wie heißen die Schüler, die ihren Namen in Spiegelschrift geschrieben haben? Haben es alle richtig gemacht?

   c) Schreibe deinen Vor- und Nachnamen in Spiegelschrift. Überprüfe mit einem Taschenspiegel.

Bildfiguren konstruieren

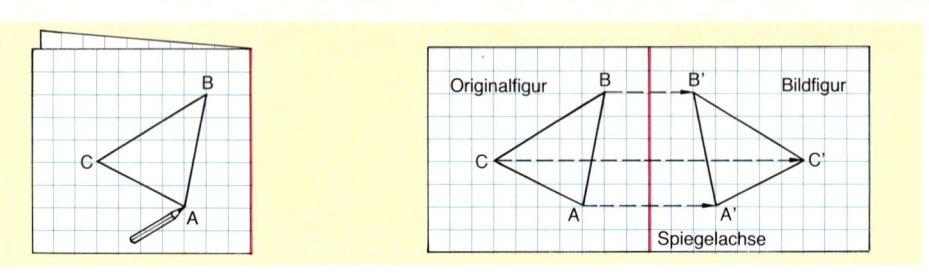

1. a) Falte ein Blatt Papier. Zeichne auf die eine Seite ein Dreieck. Stich die Eckpunkte durch. Falte das Papier wieder auf und verbinde die Punkte. Es entsteht die Originalfigur und die Bildfigur.
   b) Zeichne die Strecke $\overline{AA'}$. Wie steht sie zur Spiegelachse?
   c) Vergleiche den Abstand der Punkte A und A' von der Spiegelachse.
   d) Wie kannst du mit dem Geodreieck zu einem Punkt den Bildpunkt finden?

So kannst du zu einem Punkt P den Bildpunkt P' (*lies:* P Strich) konstruieren:

1. Zeichne die Senkrechte zur Spiegelachse durch P.
2. P' hat von der Spiegelachse den gleichen Abstand wie P.

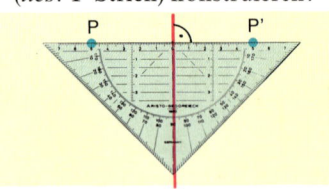

Übungen

2. Übertrage die Figur in dein Heft und konstruiere die Bildfigur.

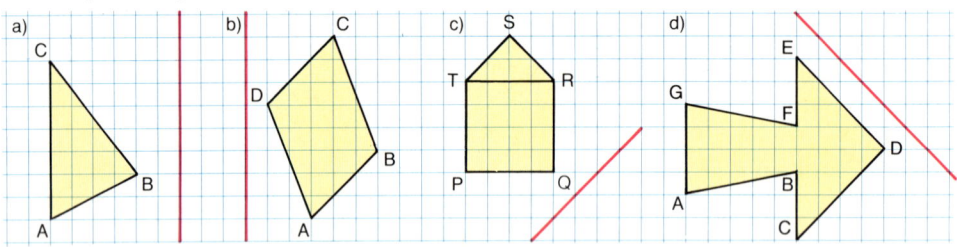

3. Zeichne ein Achsenkreuz und trage die Punkte ein. Spiegele die Figuren an der Geraden durch V und W. Gib die Zahlenpaare der Bildpunkte an.

   a) A(5|2), B(4|10), C(1|5); V(6|1), W(6|12)
   b) A(6|0), B(10|2), C(6|4), D(2|2); V(2|4), W(11|4)
   c) A(1|3), B(3|3), C(3|6), D(1|6); V(1|1), W(8|8)
   d) A(0|1), B(2|2), C(4|1), D(2|5); V(1|7), W(7|1)

4. Von der Bildfigur ist nur ein Punkt angegeben. Ermittle in deinem Heft die Spiegelachse und vervollständige die Bildfigur.

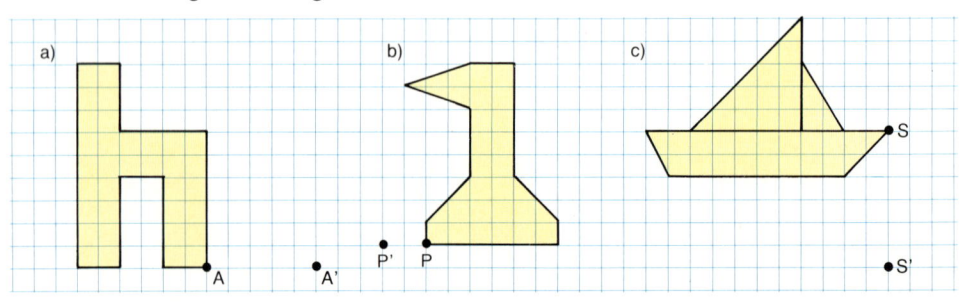

5.2 Parallelverschiebung

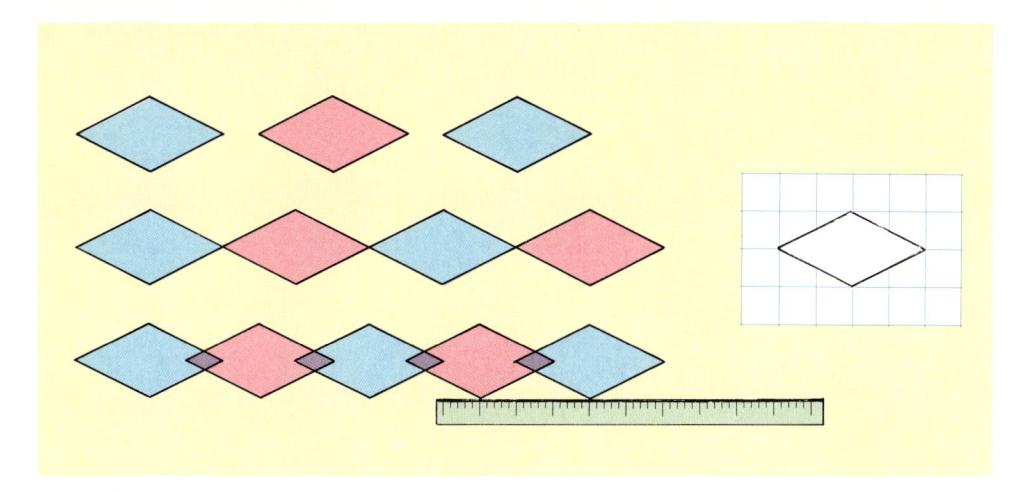

Sabrina hat eine Schablone an einem Lineal verschoben und Ornamente gezeichnet.

1. a) Beschreibe genau, was sie dabei beachten mußte.
   b) Stelle eine Schablone her und erfinde verschiedene Ornamente. Male sie farbig aus.

2. Stelle eine Schablone her, die etwa so aussieht wie im nebenstehenden Bild. Zeichne nach folgenden Angaben Ornamente:
   a) Lege ein Lineal an die kurze Seite der Schablone. Verschiebe die Schablone fünfmal um 2,5 cm.
   b) Lege ein Lineal an die lange Seite der Schablone und verschiebe sie mehrfach um 2 cm.

3. a) Beschreibe, wie der Wagen der Bergbahn gebaut ist. Achte besonders auf die Türen und Fenster.
   b) Zeichne eine Skizze, auf der die Bergbahn an zwei Stellen auf der Bergfahrt dargestellt ist.

4. Bei welchen Bildern sind Verschiebungen dargestellt.

Das Dreieck ist nach der Vorschrift „fünf nach rechts, zwei nach oben" verschoben.

1. a) Führe die Verschiebung ebenso in deinem Heft aus.
b) Verbinde jeden Eckpunkt mit seinem Bildpunkt.
c) Vergleiche die Länge und die Richtung der Verbindungsstrecken. Was stellst du fest?

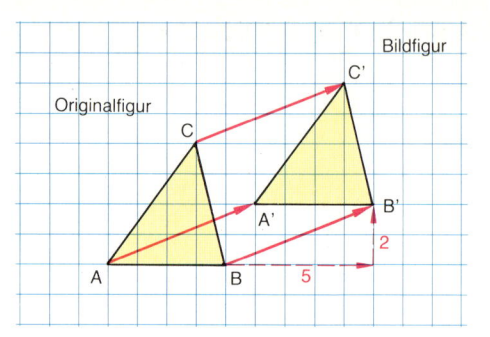

Verschiebung

Bei einer **Verschiebung** sind alle Verschiebungspfeile gleich lang und parallel. Sie haben die gleiche Richtung.

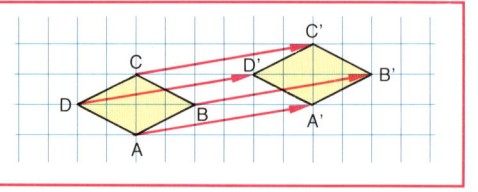

Übungen

2. Übertrage die Figuren in dein Heft und verschiebe sie nach der angegebenen Vorschrift.

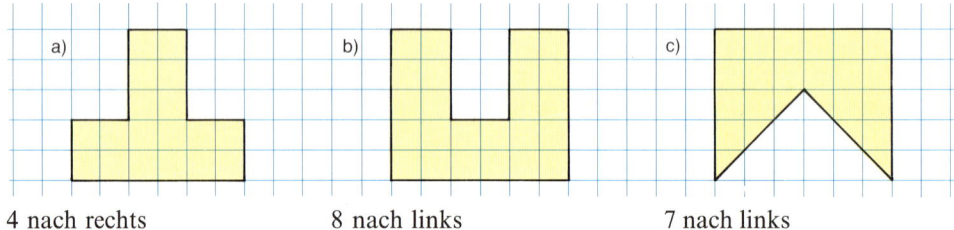

a) 4 nach rechts
7 nach unten

b) 8 nach links
2 nach oben

c) 7 nach links
4 nach unten

3. Übertrage die Figuren in dein Heft und verschiebe sie um den roten Pfeil. Zeichne die Verschiebungspfeile für alle Eckpunkte ein.

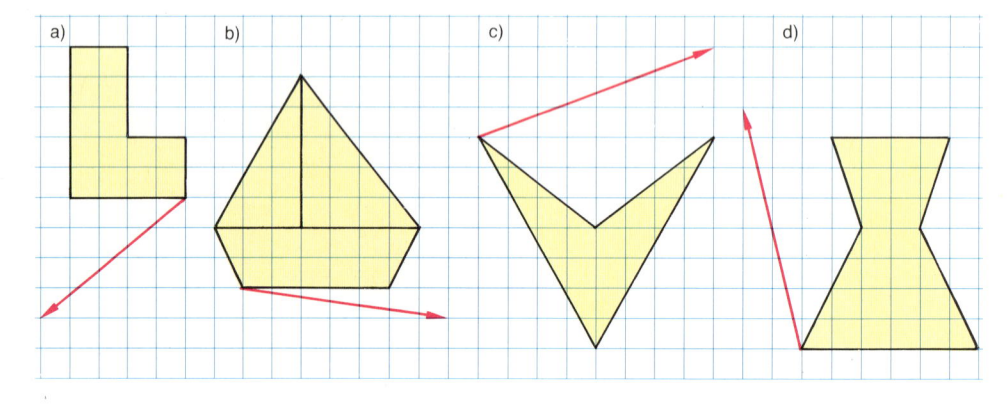

4. Zeichne die Figuren in dein Heft und verschiebe sie. Zu einem Punkt ist der Bildpunkt bei der Verschiebung angegeben.

a) A(1|3), B(4|1), C(6|3), D(3|5); A'(6|5)
b) U(3|2), V(3|6), W(1|4); W'(6|3)
c) A(5|5), B(9|5), C(7|7), D(3|7), D'(1|4)
d) U(3|4), V(9|4), W(7|6); W'(5|3)

Ines geht 7 Schritte vor, 3 Schritte rechts, 4 Schritte zurück und 3 Schritte nach links. Wie kommt sie wieder an ihren Ausgangsplatz.

6 Geld, Gewicht, Zeit und Längen

Münzen und Geldscheine

6.1 Geld

1. a) Peter hat seine Spardose geleert. Wieviel DM hat er gespart?
   b) Wie könntest du den Betrag eintauschen, um möglichst wenig Geldscheine und Münzen zu bekommen?
   c) Schreibe den Betrag auf verschiedene Arten auf.

   48 DM 17 Pf   48,17 DM   4817 Pf

2. Schreibe alle deutschen Münzen und Geldscheine auf. Beginne beim kleinsten Wert.

   5 *DM*
   Maßzahl Maßeinheit

   1 Deutsche Mark = 100 Pfennige
   1 DM = 100 Pf

Übungen

3. a) Wieviel DM ist jede einzelne Rolle wert?
   b) Silke holt bei der Bank folgende Geldrollen:
   1 Rolle mit 1-Pf-Münzen, 2 Rollen mit 50-Pf-Münzen.
   Wieviel DM muß sie dafür bezahlen?
   c) Jens bringt folgende Rollen zur Bank:
   2 Rollen mit 2-Pf-Münzen, 3 Rollen mit 5-Pf-Münzen, 1 Rolle mit 2-DM-Münzen.
   Wieviel DM erhält er dafür?

   So wird Geld gerollt:
   50 Münzen zu   1 Pf
   50 Münzen zu   2 Pf
   50 Münzen zu   5 Pf
   50 Münzen zu 10 Pf
   50 Münzen zu 50 Pf
   50 Münzen zu 1 DM
   50 Münzen zu 2 DM
   40 Münzen zu 5 DM

4. Gib folgende Beträge wie im Beispiel an.
   Beispiel: 27 DM 6 Pf = 27,06 DM

   a) 12 DM 31 Pf   b) 23 DM 4 Pf   c) 13 Pf   d) 4 Pf   e) 237 Pf   f) 4239 Pf
      18 DM 47 Pf   27 DM 7 Pf   93 Pf   9 Pf   431 Pf   6291 Pf

5. Gib in DM und Pf an.   Beispiel: 3,57 DM = 3 DM 57 Pf

   a) 2,48 DM   b) 14,53 DM   c) 376,03 DM   d) 0,27 DM   e) 0,02 DM
      3,96 DM   83,17 DM   376,09 DM   0,49 DM   0,07 DM

6. Vergleiche jeweils die Beträge und setze das richtige Zeichen (<, >, =) ein.

   a) 127 Pf :: 1 DM 24 Pf   b) 4 DM 2 Pf :: 4,20 DM   c) 290 Pf :: 2,09 DM
      1702 Pf :: 17 DM 2 Pf   5 DM 3 Pf :: 5003 Pf   406 Pf :: 40 DM 6 Pf

7. Du willst 100 DM in kleinere Scheine wechseln. Gib 5 Möglichkeiten an.

Addieren und Subtrahieren

1. Im Supermarkt tippt eine Kassiererin folgende Beträge in die Kasse: 7,23 DM; 12,44 DM; 0,36 DM; 1,26 DM.
   a) Wieviel DM muß die Kundin bezahlen?
   b) Sie gibt der Kassiererin 25 DM. Wieviel DM bekommt sie noch zurück?

Addieren
1,50 DM + 83 Pf
1,50 DM + 0,83 DM

$$\begin{array}{r} 1{,}50 \text{ DM} \\ + 0{,}83 \text{ DM} \\ \hline 2{,}33 \text{ DM} \end{array}$$

Wandle in DM um.
Schreibe untereinander.

Beachte:
Komma unter Komma.

Subtrahieren
845 Pf − 3 DM 18 Pf
8,45 DM − 3,18 DM

$$\begin{array}{r} 8{,}45 \text{ DM} \\ - 3{,}18 \text{ DM} \\ \hline 5{,}27 \text{ DM} \end{array}$$

Übungen

2. Nina behauptet: „Ich kann die Aufgaben im Kasten auch ganz ohne Komma rechnen."

3.
a) 12,86 DM	b) 27,36 DM	c) 156,45 DM	d) 2347,78 DM
+ 3,17 DM	+ 4,28 DM	+ 23,21 DM	+3256,17 DM
+ 2,07 DM	+23,09 DM	+ 17,07 DM	+ 127,09 DM
+ 9,35 DM	+ 7,86 DM	+288,79 DM	+ 487,99 DM
+ 6,67 DM	+ 5,63 DM	+ 45,46 DM	+ 639,32 DM

4. Schreibe untereinander und addiere.
   a) 5 DM + 17,35 DM + 7,04 DM
   b) 758,89 DM + 36,67 DM + 56,73 DM
   c) 4,16 DM + 19,47 DM + 36,90 DM
   d) 68,29 DM + 38,39 DM + 724,87 DM
   e) 107 DM 4 Pf + 347,37 DM + 425 Pf
   f) 14,12 DM + 207 DM 7 Pf + 129,47 DM

5.
a) 78,89 DM	b) 89,76 DM	c) 637,27 DM	d) 362,52 DM	e) 947,48 DM
−17,64 DM	−38,56 DM	−425,14 DM	−41,41 DM	−21,14 DM

6.
a) 127,23 DM	b) 432,27 DM	c) 607,32 DM	d) 756,64 DM	e) 664,86 DM
−39,65 DM	−47,59 DM	−38,47 DM	−86,69 DM	−64,98 DM

7. Schreibe untereinander und subtrahiere.
   a) 478,89 DM − 45,17 DM
   b) 635,67 DM − 24,56 DM
   c) 859,78 DM − 47,45 DM
   d) 572,36 DM − 68,48 DM
   e) 426,35 DM − 38,99 DM
   f) 617,37 DM − 69,07 DM
   g) 347,12 DM − 427 Pf
   h) 76,03 DM − 2 DM 7 Pf
   i) 958 Pf − 6 DM 57 Pf

8. Petra kauft ein: Beim Bäcker für 9,25 DM, beim Metzger für 18,65 DM, im Supermarkt für 36,98 DM. Sie hat einen Hundertmarkschein. Wieviel DM bringt sie noch zurück?

9. Silke geht mit 50 DM einkaufen. Sie gibt nacheinander aus: 5,27 DM, 6,78 DM, 11,47 DM, 13,98 DM, 99 Pf. Wieviel DM bringt sie noch zurück?

10. Herr Hafner hat 3467,27 DM auf seinem Konto. Davon überweist er die folgenden Rechnungsbeträge: 39,45 DM, 128,36 DM, 325,28 DM und 216,33 DM. Wie hoch ist nun sein Kontostand?

1. a) Uli hat für das Klassenfest die Getränke besorgt. Er hat 12 Flaschen Limo gekauft. Wieviel DM hat er dafür bezahlt?
b) In einem anderen Geschäft kostet ein Kasten Limo mit 12 Flaschen 9,96 DM. Wieviel DM kostet dort eine Flasche?
c) Timo sieht einen Kasten Limo für 10,44 DM. Wieviel kostet eine Flasche?

Multiplizieren und Dividieren

Multiplizieren
8,70 DM · 6
Wandle um in Pf.
= 870 Pf · 6
= 5220 Pf
Schreibe in DM.
= 52,20 DM

Dividieren
11,20 DM : 7   4,50 DM : 0,50 DM
Wandle zuerst in Pf um.
= 1120 Pf : 7   = 450 Pf : 50 Pf
= 160 Pf   = 9
Gib das Ergebnis in DM an.
= 1,60 DM

Übungen

2. a) 5,70 DM · 6   b) 13,35 DM · 16   c) 57,07 DM · 49   d) 325,56 DM · 67
   7,98 DM · 7   37,49 DM · 36   78,32 DM · 58   675,89 DM · 83
   9,75 DM · 12   68,53 DM · 49   87,09 DM · 80   769,07 DM · 127

3. a) 19,20 DM : 6   b) 20,00 DM : 16   c) 484,84 DM : 17   d) 246,35 DM : 379
   17,30 DM : 8   41,00 DM : 25   805,23 DM : 23   620,15 DM : 785
   56,80 DM : 4   33,60 DM : 14   947,92 DM : 41   688,62 DM : 998

4. a) 120 DM : 20 DM   b) 8,40 DM : 0,70 DM   c) 17,60 DM : 4,40 DM
   168 DM : 30 DM   6,80 DM : 0,40 DM   21,90 DM : 7,30 DM
   625 DM : 25 DM   4,41 DM : 0,21 DM   98,40 DM : 8,20 DM

5. Herr Wagner kauft für seine Familie einen Karton Mineralwasser. Die 24 Dosen kosten 9,36 DM. Wieviel kostet eine Dose?

6. Die Schüler der Klasse 5b richten eine Klassenkasse ein. Jeder Schüler zahlt 1,50 DM ein. Am Ende des Monats sind 36 DM in der Kasse. Wie viele Schüler haben eingezahlt?

7. Für eine DM bekommt man sieben österreichische Schilling. Wieviel Schilling bekommt man für 15 DM (20 DM; 35 DM; 45 DM; 100 DM)?

8. Für einen französischen Franc (1 FF) muß man 0,32 DM bezahlen. Wieviel DM muß man für 150 FF (200 FF; 250 FF; 350 FF; 600 FF) bezahlen?

9. Frau Becker war für ihre Firma unterwegs. Für 285 km Fahrt bekommt sie 128,25 DM ersetzt. Wieviel DM erhält sie für einen Kilometer?

Von den 17 Streichhölzern sind 5 so wegzunehmen, daß noch 3 vollständige Quadrate übrigbleiben.

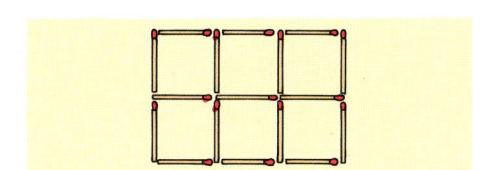

Vermischte Übungen

1. Ein Facharbeiter hat einen Stundenlohn von 13,80 DM. Wie hoch ist sein Lohn bei 40 Wochenstunden?

2. Ein Handwerker erhält einen Wochenlohn von 544 DM. Er arbeitet 40 Stunden in der Woche. Wieviel DM verdient er in der Stunde?

3. Fernseh-Ganter hat Farbfernseher bestellt. Er muß insgesamt 18 144 DM bezahlen. Ein Gerät kostet 1512 DM.

4. Elektro-Reinhard erhält folgende Geräte: 5 Fernsehgeräte zu je 1285 DM, 4 Radiogeräte zu je 165 DM, 7 Kassettenrekorder zu je 134 DM. Stelle die Rechnung auf.

5. Familie Schäfer hat Heizöl für 0,36 DM pro Liter bestellt. Wieviel DM muß sie für die gelieferten 3500 Liter bezahlen?

6. Familie Schneider erhält 5000 l Heizöl. Sie muß 1750 DM bezahlen. Wie hoch ist der Literpreis?

7. Die Klasse 5a hat am Wandertag das Fußballspiel der deutschen Schülerauswahl besucht. Pro Person waren 3,50 DM Eintritt zu bezahlen. Die Karten für die Klasse haben 73,50 DM gekostet. Wie viele Schüler waren dabei?

8. Die Klasse 5c hat das Junioren-Länderspiel besucht. Für die 23 Schüler mußte der Lehrer 103,50 DM bezahlen. Wieviel DM mußte jeder Schüler bezahlen?

9. a) Die Tipp-Gemeinschaft hat im Lotto einen Vierer. Wieviel DM erhält jeder der 5 Mitspieler?
b) Wieviel DM bekäme jeder der 5 Mitspieler, wenn es ein Fünfer gewesen wäre?

Diese Woche im Lotto:
Sechser . . . . 1 456 783,40 DM
Fünfer mit Zusatzz. . . . . . 73 613,30 DM
Fünfer ohne Zusatzz. . . . . . 8 762,20 DM
Vierer . . . . 103,70 DM

10. Die Kegel-Kasse wird am Ende des Jahres auf die 9 Mitspieler aufgeteilt. Jeder erhält 35,20 DM. Wieviel DM waren in der Kasse?

11. Der Kegelklub „Alle Neune" hat 113 622 DM im Lotto gewonnen. Der Gewinn wird gleichmäßig aufgeteilt. Jeder erhält 9468,50 DM. Wie viele Personen haben sich an dem Tipp beteiligt?

12. In einem Supermarkt gibt es Mineralwasser im Sonderangebot.
a) Wie viele Kästen Mineralwasser können verkauft werden?
b) In jedem Kasten sind 12 Flaschen. Wie viele Flaschen sind das insgesamt?
c) Wieviel DM kostet der Stapel Mineralwasser?
d) Für eine Flasche werden 0,30 DM Pfand berechnet, für einen Kasten 3 DM. Wieviel DM Pfand ist das Leergut wert?

6.2 Gewicht

Gewichtseinheiten

1kg   800mg   3,2t   1,1t   16g   50kg

1. Ordne die Gewichte den Gegenständen zu.

2. a) Schätze das Gewicht folgender Gegenstände: Mathematikbuch, Radiergummi, Atlas, Heft, Briefumschlag, Heftseite. Überprüfe das Gewicht mit einer Waage.
   b) Welche Gegenstände werden in Tonnen, Kilogramm, Gramm und Milligramm gewogen?

> Gewichte kann man angeben in Tonnen (t), Kilogramm (kg), Gramm (g) und Milligramm (mg). Es ist festgelegt: Ein Liter Wasser wiegt 1 kg.

3. In welcher Einheit gibt man das Gewicht folgender Gegenstände an: Kartoffeln, Kohle, Fahrrad, Schokolade, Lokomotive, Milch.

Übungen

4. Wieviel wiegen $5\,l$, $12\,l$, $\frac{1}{2}\,l$, $1\frac{1}{4}\,l$, $\frac{3}{4}\,l$, $\frac{1}{4}\,l$ Wasser?

5. Kann man mit den abgebildeten Gewichtsstücken die folgenden Gewichte zusammenstellen?
   a) 30 g, 40 g, 85 g, 120 g, 250 g
   b) 330 g, 630 g, 770 g, 810 g, 900 g
   c) 1 kg 270 g, 2 kg 140 g, 5 kg 80 g
   d) 3 kg 720 g, 6 kg 750 g, 8 kg 10 g

   10g 20g 50g 100g 200g 500g 1kg 2kg 5kg

6. Auf der einen Waagschale liegen folgende Gewichtsstücke. Wieviel wiegt der Gegenstand auf der anderen Waagschale?
   a) 500 g, 200 g, 100 g, 50 g, 1 g
   b) 500 g, 50 g, 20 g, 5 g
   c) 200 g, 200 g, 50 g, 2 g, 1 g
   d) 1 kg, 200 g, 100 g, 50 g
   e) 20 g, 10 g, 5 g, 1 g
   f) 5 kg, 2 kg, 2 kg, 100 g, 50 g
   g) 5 g, 200 mg, 10 mg
   h) 100 g, 2 g, 500 mg, 2 mg
   i) 1 g, 400 mg, 50 mg
   k) 50 mg, 20 mg, 20 mg, 5 mg, 2 mg
   l) 800 mg, 200 mg, 20 mg, 5 mg
   m) 5 g, 400 mg, 500 mg, 200 mg, 20 mg

> $5\ kg$
> Maßzahl   Maßeinheit
>
> 1 t = 1000 kg
> 1 kg = 1000 g
> 1 g = 1000 mg
> Die Umwandlungszahl ist 1000.

Gewichte

Umwandlungen

7. Wandle die Gewichte in die angegebene Einheit um.

a) 3000 g (kg)   b) 2 kg (g)   c) 7 g (mg)   d) 5000 mg (g)
4000 g (kg)   5 kg (g)   12 g (mg)   7000 mg (g)

8. a) 5000 kg (t)   b) 2 t (kg)   c) 3 t 600 kg (kg)   d) 4 kg 600 g (g)
56000 kg (t)   25 t (kg)   7 t 380 kg (kg)   7 kg 875 g (g)

9. Wandle um

a) in g: $\frac{1}{4}$ kg $\frac{1}{2}$ kg $1\frac{1}{4}$ kg $1\frac{1}{2}$ kg $2\frac{1}{4}$ kg $3\frac{1}{4}$ kg $6\frac{1}{2}$ kg
b) in kg: $\frac{1}{2}$ t $\frac{1}{4}$ t $1\frac{1}{2}$ t $1\frac{1}{4}$ t $2\frac{1}{4}$ t $3\frac{1}{2}$ t $4\frac{1}{2}$ t
c) in mg: $\frac{1}{4}$ g $\frac{1}{2}$ g $1\frac{1}{2}$ g $2\frac{1}{4}$ g $4\frac{1}{2}$ g $6\frac{1}{2}$ g $7\frac{1}{4}$ g

10. Übertrage die Tabelle in dein Heft und schreibe wie in den Beispielen.

t			kg		
H	Z	E	H	Z	E
		8	5	4	0
	1	3	0	2	8
2	0	7	0	0	5

Beispiele:

8 t 540 kg = 8540 kg = 8,540 t
13 t 28 kg = 13028 kg = 13,028 t
207 t   5 kg = 207005 kg = 207,005 t

a) 5 t 785 kg   b) 43 t 310 kg   c) 29 t 18 kg   d) 126 t 7 kg
7 t 345 kg   27 t 920 kg   71 t 37 kg   345 t 8 kg
8 t 167 kg   56 t 690 kg   39 t 54 kg   572 t 7 kg

11. Übertrage ins Heft und schreibe wie in den Beispielen.

kg			g		
H	Z	E	H	Z	E
	2	4	7	5	8
6	5	7	0	0	6

Beispiele:

24 kg 758 g = 24758 g = 24,758 kg
657 kg   6 g = 657006 g = 657,006 kg

a) 27 kg 748 g   b) 41 kg 420 g   c) 39 kg 78 g   d) 434 kg 9 g
78 kg 237 g   89 kg 570 g   71 kg 39 g   797 kg 6 g
45 kg 145 g   93 kg 320 g   52 kg 47 g   326 kg 3 g

12. Übertrage die Tabelle ins Heft. Schreibe wie in den Beispielen.

g			mg		
H	Z	E	H	Z	E
1	4	2	5	2	7
4	6	3	0	3	8

Beispiele:

142 g 527 mg = 142527 mg = 142,527 g
463 g 38 mg = 463038 mg = 463,038 g

a) 543 g 356 mg   b) 86 g 700 mg   c) 94 g 37 mg   d) 6 g 8 mg
676 g 985 mg   36 g 500 mg   35 g 48 mg   4 g 5 mg
858 g 379 mg   79 g 200 mg   19 g 34 mg   3 g 1 mg

13. Wandle um.   Beispiel: 375 g = 0,375 kg; 78 kg = 0,078 t

a) 1425 kg (t)   b) 5684 g (kg)   c) 2478 mg (g)   d) 57 mg (g)
581 g (kg)   794 kg (t)   674 mg (g)   237 mg (g)

1. Familie Kurz will mit dem Wohnwagen in Urlaub fahren. In ihren Wohnwagen sollen eingeladen werden:
 Koffer (24,5 kg), Lebensmittel (42 kg)
 Vorzelt (45 kg), Schlauchboot (62,5 kg)
 Tisch und vier Stühle (12,5 kg)
 Koffer (32,5 kg)
 Wieviel kg dürfen sie noch zuladen?

Zulässiges Gesamtgewicht 1000 kg
Eigengewicht 750 kg

Addieren und Subtrahieren

Addieren
4,5 kg + 650 g
4,500 kg + 0,650 kg

```
  4,500 kg
+ 0,650 kg
  ―――――――
  5,150 kg
```

Wandle in kg um.
Schreibe untereinander.

Beachte:
Komma unter Komma.

Subtrahieren
7,500 kg − 1250 g
7,500 kg − 1,250 kg

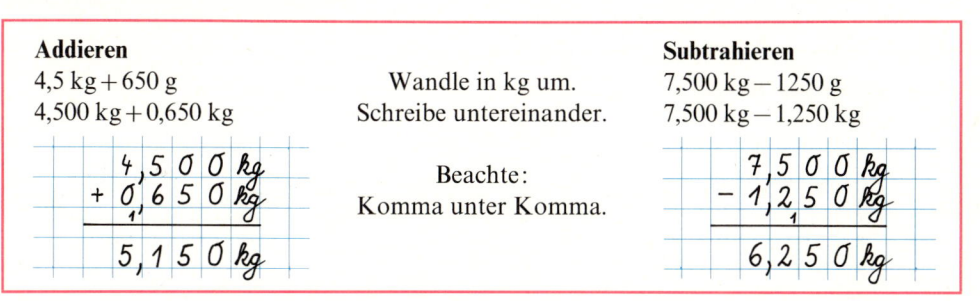

```
  7,500 kg
− 1,250 kg
  ―――――――
  6,250 kg
```

2. Kannst du die Aufgaben im Kasten auch ohne Komma rechnen?

3. a) 7,500 kg   b) 0,500 kg   c) 1,450 kg   d) 6,825 kg
      +0,375 kg   +5,670 kg   +3,425 kg   +2,476 kg
      +1,987 kg   +3,128 kg   +4,687 kg   +3,357 kg

Übungen

4. Schreibe untereinander und addiere.
 a) 2 kg + 435 g + 2786 g
    3 t + 367 kg + 0,542 t
    3,5 g + 1750 mg + 35 g
    4,225 g + 650 mg + 3 g
 b) 56,879 g + 1258 mg + 23 g 46 mg
    17,398 t + 0,584 t + 1285 kg
    4,5 t + 2,578 t + 3 t 457 kg
    0,5 g + 8,750 g + 7 g 824 mg

5. Schreibe untereinander und subtrahiere.
 a) 3272 kg − 1 t 274 kg
    869 kg 9 g − 0,476 kg
    45 g 3 mg − 2637 mg
    35 800 g − 3 kg 23 g
 b) 12 t 47 kg − 3,987 t
    34 g 8 mg − 7,985 g
    23 580 mg − 4 g 45 mg
    56,875 kg − 3500 g
 c) 35 g − 1435 mg
    67 t − 4598 kg
    98 kg − 3287 g
    45 kg − 0,5 kg

6. Ein Lkw darf 3,5 t zuladen. Er hat bereits 870 kg und 1 t 650 kg geladen. Wieviel kg darf er noch zuladen?

7. Ein leeres Aquarium wiegt 2 kg 350 g. Es wird mit 67 Liter Wasser gefüllt. Wie schwer ist das gefüllte Aquarium?

8. Ein Buchhändler will fünf Bücher versenden. Die Bücher wiegen 530 g, 407 g, 254 g, 305 g, 416 g. Die Verpackung wiegt 160 g. Kann er die Bücher noch als Päckchen (bis 2 kg) abschicken?

9. Eine Schiffsschraube wird aus Messing gegossen. Messing ist eine Legierung. Es werden 4,760 t Kupfer, 1,970 t Zink, 0,120 t Blei und 0,780 t andere Zusätze zusammengeschmolzen. Wie schwer ist die Schiffsschraube?

Multiplizieren und Dividieren

1. Der Gabelstapler hat eine Tragkraft von 1000 kg.
   a) Darf der Fahrer die Palette hochheben?
   b) Die Palette wiegt 20 kg. Wie viele Säcke darf er höchstens aufladen?

Multiplizieren	**Dividieren**
5,725 t · 8	6,375 t : 25 3,250 t : 0,050 t
Wandle um in kg	Wandle zuerst um in kg
= 5725 kg · 8	= 6375 kg : 25 = 3250 kg : 50 kg
= 45 800 kg	= 255 kg = 65
Schreibe in t	Schreibe in t
= 45,800 t	= 0,255 t

Übungen

2. Berechne.

   a) 3,215 g · 5   b) 3 · 0,275 t   c) 8,600 g : 4   d) 1,350 kg : 0,050 kg
      7,437 t · 7   8 · 1,346 g   5,375 kg : 5   2,480 t : 0,080 t
      9,298 kg · 3   4 · 2,078 kg   2,840 t : 8   4,320 kg : 0,060 g

3. a) 7,862 t · 17   b) 47 · 35,5 kg   c) 67,680 g : 12   d) 46,150 t : 0,710 t
      9,276 mg · 23   59 · 43,5 t   10,566 t : 13   62,250 g : 0,750 g
      12,984 kg · 39   78 · 6,750 g   0,391 kg : 23   31,125 kg : 0,375 kg

4. a) 40 g 67 mg · 48   b) 5 t 658 kg : 23   c) 378 g 21 mg : 0,047 mg
      37 t 35 kg · 39   7 g 20 mg : 36   46 t 150 kg : 0,710 t
      53 g 96 mg · 57   4 kg 185 g : 93   23 kg 296 g : 0,032 kg

5. Im Fahrstuhl steht auf einem Schild: „1200 kg Traglast oder 15 Personen". Welches Gewicht nimmt man für eine Person an?

6. Ein Lastenaufzug auf einer Baustelle hat eine zulässige Traglast von 225 kg.
   a) Wie viele Steine kann man aufladen, wenn ein Stein 800 g wiegt?
   b) Im Aufzug liegen 250 Steine. Darf noch ein Sack Zement (50 kg) hinzugeladen werden?

7. In einem Rezept für serbische Bohnensuppe für 4 Personen steht: 400 g weiße Bohnen, 260 g Speck, 260 g Zwiebeln, 200 g Paprikaschoten, 200 g Tomaten, 300 g Knoblauchwurst, Gewürze. Stelle das Rezept für 2 (6; 3) Personen zusammen.

8. Ein Autotransporter mit einem Eigengewicht von 8,5 t hat geladen: 2 Pkw zu je 820 kg, 3 Kombis zu je 1330 kg und einen weiteren Pkw zu 1220 kg. Wieviel Tonnen beträgt das Gesamtgewicht?

9. Ein Bus hat ein zulässiges Gesamtgewicht von 16 t. Sein Eigengewicht beträgt 11,775 t.
   a) Wieviel Kilogramm darf er noch zuladen?
   b) Für jede Person wird ein Gewicht von 65 kg angenommen. Für wie viele Personen ist der Bus zugelassen?

Vermischte Übungen

1. Berechne das Gesamtgewicht jeder Ladung.

	a)	b)	c)	d)	e)	f)
Gewicht einer Kiste	11,600 kg	32,725 kg	63,1 kg	0,045 t	0,125 t	1,62 t
Anzahl der Kisten	19	35	47	18	61	14

2. Ein Eisenbahnwaggon mit einem Ladegewicht von 22,5 t wird mit Kisten beladen. Jede Kiste wiegt 750 kg. Wie viele Kisten können geladen werden?

3. Sandra wiegt 16,250 kg. Der Vater wiegt das Fünffache, die Mutter wiegt das Vierfache. Wieviel kg sind das jeweils?

4. Berechne die fehlenden Werte im Heft.

	a)	b)	c)	d)	e)	f)
Gewicht einer Packung	1,5 kg	3,250 kg			0,5 kg	84,5 g
Anzahl der Packungen	7	9	8	5		
Gesamtgewicht			30,0 kg	22,5 kg	8,5 kg	1,014 kg

5. Von einer Kohlenhalde sollen 125 t abgefahren werden. Ein Lkw faßt 12 500 kg.

6. a) Petra will 20 Portionen Knuspermüsli herstellen. Berechne die Zutaten.

   b) Welche Mengen an Zutaten braucht man für 15 Portionen Knuspermüsli?

   ****Knuspermüsli****
   Zutaten für etwa 10 Portionen:
   200 g grobe Haferflocken   50 g Weizenkeime
   50 g Sonnenblumenkerne   50 g Kokosflocken
   50 g Haselnüsse   50 g Mandeln
   150 g Rosinen   3 Eßlöffel Honig
   3 Eßlöffel Öl   Zimt und Vanille

7. In einer Kaffee-Rösterei werden 25 kg Kaffee in Tüten zu je 250 g abgepackt. Wie viele Tüten erhält man?

8. Ein Tanklastzug hat 4750 Liter Trinkwasser geladen. Sein Leergewicht beträgt 3,5 t. Berechne das Gesamtgewicht des Lastwagens.

9. Mit dem Wasser wiegt das Aquarium 67,6 kg. Ohne Wasser wiegt es nur 2,6 kg. Wieviel Liter Wasser fast es?

10. Die Zuladung eines Lkw darf 6,3 t nicht überschreiten. Wie viele Zementsäcke (je 50 kg) darf er höchstens laden?

11. Für etwa 35 gefüllte Lebkuchen gibt es folgendes Rezept:

   Teig: Füllung: Zum Verzieren:
   375 g Honig, 2 Eier,   125 g Haselnüsse   250 g geschälte und
   80 g Butter,   60 g Zitronat   halbierte Mandeln
   1 Eßlöffel Wasser,   30 g Orangeat   1 Eidotter
   500 g Mehl, 1 Päckchen   120 g Honig   1 Teelöffel Milch
   Lebkuchengewürz.   2 Eier   Schokoladenglasur

   Den Honig, die Eier, die zerlassene Butter, das Lebkuchengewürz verrühren und das Ganze

Die Mutter will etwa 100 Lebkuchen backen. Berechne die entsprechenden Zutaten.

6.3 Zeit

Zeiteinheiten

1. Die Bilder zeigen Situationen, bei denen in verschiedenen Zeiteinheiten gemessen wird. Ordne den Bildern die entsprechenden Zeiteinheiten zu: Sekunden, Minuten, Stunden, Tage, Monate, Jahre.

Zeit

1 Tag (Tg.) = 24 Stunden (h)	1 Jahr (J.) = 12 Monate (Mon.)
1 Stunde = 60 Minuten (min)	= 365 Tage (Tg.)
1 Minute = 60 Sekunden (s)	

2. In welchen Einheiten mißt man: eine Unterrichtsstunde, die Kochzeit von Gerichten, die Flugdauer von Frankfurt nach Berlin, die Dauer der Autofahrt von Kaiserslautern nach Mainz, die Dauer der Ferien?

Übungen

3. Wandle in s um.
   a) 3 min   b) 36 min   c) 14 min 17 s   d) 4 h 25 min
        9 min   43 min   56 min 59 s   18 h 12 min 13 s
        19 min   51 min   31 min 14 s   23 h 7 min 1 s

4. Wandle in min um.
   a) 2 h 1 min   b) 12 h 17 min   c) 4 h 120 s   d) 21 h 180 s   e) 780 s
        6 h 7 min   3 h 45 min   9 h 180 s   23 h 240 s   6780 s
        5 h 9 min   7 h 35 min   8 h 240 s   41 h 60 s   9360 s

5. Gib in den Einheiten min und s an.   Beispiel: 75 s = 1 min 15 s
   a) 83 s   115 s   139 s   212 s   b) 467 s   547 s   823 s   866 s
   c) 10817 s   18192 s   14367 s   d) 43315 s   86339 s   34267 s

6. Wandle in die Einheiten h und min um.   Beispiel: 98 min = 1 h 38 min
   a) 78 min   69 min   119 min   229 min   b) 345 min   627 min   583 min   847 min
   c) 830 min   1088 min   2720 min   d) 7304 min   9977 min   21450 min

7. Wandle in die angegebene Einheit um.
   a) 3 J. (Tg.)   7 J. (Mon.)   2 J. 3 Mon. (Tg.)   24 Mon. (J.)
   b) 4 J. 1 Mon. (Mon.)   48 Mon. (J.)   7 J. 2 Mon. (Mon.)   1 J. 1 Mon. 1 Tg. (Tg.)

8. a) $\frac{3}{4}$ h (min)   b) $2\frac{1}{4}$ min (s)   c) $3\frac{1}{2}$ Tg. (h)   d) $4\frac{1}{2}$ J. (Mon.)
       $3\frac{1}{2}$ h (min) $1\frac{1}{2}$ min (s) $7\frac{1}{4}$ Tg. (h) $8\frac{1}{4}$ J. (Mon.)

9. a) Wie viele Monate (Tage, Stunden, Minuten, Sekunden) hat ein Jahr?
   b) Wie viele Sekunden bist du alt?

Zeitpunkt und Zeitspanne

Gleis	Abfahrt	18 47	Heidelberg Stuttgart
9	Gutenberg IC-Zuschlag		München

Abfahrt   Mainz Hbf.

18.47   IC 517 Gutenberg   Gleis **9**

außer ⑥
nicht 24.–31.XII
1.–3.IV.
22.V.

Mannheim 19.31
Heidelberg 19.43
Stuttgart 20.57
Ulm 21.54
Augsburg 22.37

München Hbf. 23.11

1. Monika fährt von Mainz nach Ulm. Wie lange ist sie unterwegs?

> Die Abfahrtszeit (Ankunftszeit) gibt einen Zeitpunkt an.
> Die Fahrtdauer bezeichnen wir als Zeitspanne.

2. Heiko fährt von Neustadt nach Speyer (35 Minuten). Dort hat er 17 Minuten Aufenthalt. Dann fährt er nach Ludwigshafen. Dazu braucht er noch einmal 25 Minuten. Wie lange ist er insgesamt unterwegs?

> Beim Rechnen mit Zeitspannen mußt du die Umrechnungen beachten:
>
> ```
>    45 min           6 h 27 min         6 h  4 min
> + 20 min        + 3 h 54 min        - 2 h 40 min
> ─────────       ──────────────
>    65 min           9 h 81 min         5 h 94 min
>                                      - 2 h 40 min
> = 1 h 5 min      = 10 h 21 min          3 h 54 min
> ```

Übungen

3. a) 3 h 17 min + 2 h 28 min   b) 12 h 9 min + 3 h 55 min
   9 h 6 min + 16 h 49 min   28 h 7 min + 17 h 56 min
   24 h 37 min + 32 h 47 min   25 h 59 min + 26 h 31 min

4. a) 7 h 47 min − 2 h 12 min   b) 15 h 18 min − 2 h 30 min
   18 h 24 min − 4 h 30 min   78 h − 12 h 36 min
   19 h 37 min − 8 h 56 min   134 h − 116 h 59 min

5. Wieviel Minuten sind es bis zur nächsten vollen Stunde?
   a) 6.45 Uhr   b) 3.17 Uhr   c) 15.26 Uhr   d) 8.01 Uhr   e) 12.24 Uhr

6. Wieviel Stunden und Minuten sind es bis 12.00 Uhr?
   a) 9.39 Uhr   b) 11.07 Uhr   c) 5.01 Uhr   d) 4.26 Uhr   e) 7.17 Uhr

7. Wieviel Stunden und Minuten sind es?
   a) von 16.47 Uhr bis 18.13 Uhr   b) von 17.38 Uhr bis 19.12 Uhr
   von 12.19 Uhr bis 15.37 Uhr   von 13.56 Uhr bis 21.04 Uhr

8. a) Um 7.40 Uhr beginnt morgens der Unterricht. Er endet um 12.50 Uhr. Wie lange ist Timo in der Schule?
   b) Jochen geht um 7.20 Uhr zur Schule und kommt um 13.10 Uhr nach Hause. Wie lange ist er von zu Hause weg?

Rechnen mit Zeitspannen

1. Das ist der „Fahrplan" der Klasse 5b für den Ausflug in den Pfälzer Wald.

Schule ab:	8.00
Karlstal:	9.00 – 9.30
Eschkopf:	9.50 – 10.30
Trifels:	11.00 – 12.30
Berwartstein:	13.15 – 14.15
Dahn:	14.30 – 15.15
Saarbacher Hammer:	15.45 – 17.00
Ankunft an Schule:	18.00

   a) Wie lange soll der Ausflug insgesamt dauern?
   b) Berechne die einzelnen Fahrtzeiten.
   c) Wie lange hält sich die Klasse an den einzelnen Orten auf?
   d) Wie lange ist sie insgesamt außerhalb des Busses?

Übungen

2. a) Vera fährt von Kaiserslautern nach Ludwigshafen. Der Zug fährt um 6.37 Uhr ab. Er kommt um 7.31 Uhr an. Wie lange braucht er?
   b) Sie will spätestens um 10 Uhr in Ludwigshafen sein. Schafft sie es, wenn sie den späteren Zug um 8.58 Uhr nimmt?

3. Berechne die fehlenden Werte.

Abfahrt	8.19	18.26		20.07	0.05	16.30	13.12	3.27
Ankunft		19.12	17.35	23.14	17.25		22.57	
Fahrtdauer	2h 16min		8h 24min			3h 59min		5h 41min

4. Berechne die Zeit zwischen Sonnenaufgang (SA) und Sonnenuntergang (SU) jeweils am 1. des betreffenden Monats.

Monat	Jan.	Feb.	März	April	Mai	Juni	Juli	Aug.	Sept.	Okt.	Nov.	Dez.
SA	8.16	7.27	6.26	5.23	4.23	4.06	4.17	4.56	6.02	6.49	7.38	8.18
SU	16.55	17.45	18.34	19.21	20.06	20.38	20.37	19.58	18.28	17.25	16.35	16.13

5. Der Reichsritter Franz von Sickingen ist am 2.3.1481 auf der Ebernburg geboren und am 7.5.1523 auf Burg Nanstein bei Landstuhl gestorben. Berechne sein Alter.

6. Der Räuberhauptmann Schinderhannes wurde am 25.5.1783 geboren und am 21.11.1803 in Mainz hingerichtet.

7. Wie alt sind sie geworden?

Edison	*11.02.1847 †18.10.1931	Mozart	*27.01.1756 †05.12.1791
Adenauer	*05.01.1876 †19.04.1967	Picasso	*23.10.1881 †08.05.1973
Schiller	*10.11.1759 †09.05.1805	Elvis P.	*08.01.1935 †16.08.1977

8. Das Land Rheinland-Pfalz wurde am 18. Mai 1946 gegründet. Wie alt ist es heute?

9. Gib dein genaues Alter in Jahren, Monaten und Tagen an.

Hier werden Vater und Mutter addiert.
Jeder Buchstabe steht für eine bestimmte Ziffer. Bestimme sie.

```
  V A T E R
+ M U T T E R
-----------
  E L T E R N
```

6.4 Längen

1. Schätze die Größe der Ameise, der Schultasche und des Domes. Welche Längeneinheiten verwendest du?

2. a) In welcher Längeneinheit wird gemessen: die Entfernung zwischen Städten, die Länge von Schrauben, ein Weitsprung, ein Weitwurf, die Dicke von Brettern?
   b) Nenne weitere Beispiele für die Längeneinheit Millimeter (mm), Zentimeter (cm), Meter (m) und Kilometer (km).
   c) Warum sind „Spanne", „Elle" und „Schrittlänge" als Maßeinheit weniger geeignet?

Längen

$$13\ cm$$
Maßzahl Maßeinheit

1 m = 10 dm
1 dm = 10 cm
1 cm = 10 mm
Die Umwandlungszahl ist 10.

Beachte:
1 m = 100 cm
1 km = 1000 m

Übungen

3. Schätze zuerst die Länge und Breite deines Mathematikbuches, eines DIN-A 4-Heftes, des Zeichenblocks, deines Tisches, des Klassenraumes. Miß nach und vergleiche.

4. Zeichne Strecken mit folgenden Längen:
   a) 4 cm   b) 6 cm   c) 83 mm   d) 4,5 cm
      5 cm 6 mm   75 mm   1 dm 1 cm 4 mm   2,8 cm
      1 dm 2 cm   47 mm   26 mm   5,6 cm

5. Bestimme die Länge der Strecken.

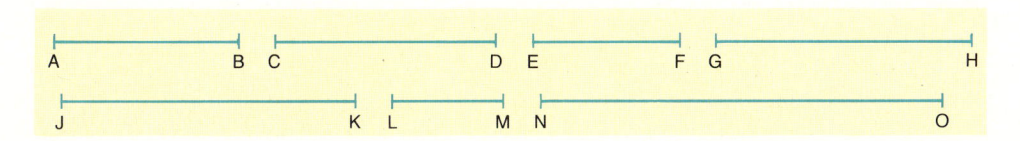

6. a) Zeichne nach Augenmaß Strecken von 8 cm, 25 mm, 2 dm, 60 mm, 1 dm 5 cm 5 mm Länge.
   b) Miß mit dem Lineal nach. Stelle den Unterschied fest.

7. a) Suche nach Augenmaß die kürzeste und
die längste Strecke heraus.
b) Miß die Länge jeder Strecke.
Schreibe jeweils in mm und in cm.

Beispiel:

Strecke	Länge
$\overline{AB}$	40 mm = 4 cm
$\overline{CD}$	

c) Zeichne die Strecken der Größe nach
geordnet untereinander in dein Heft.
Schreibe die Länge jeweils dazu.

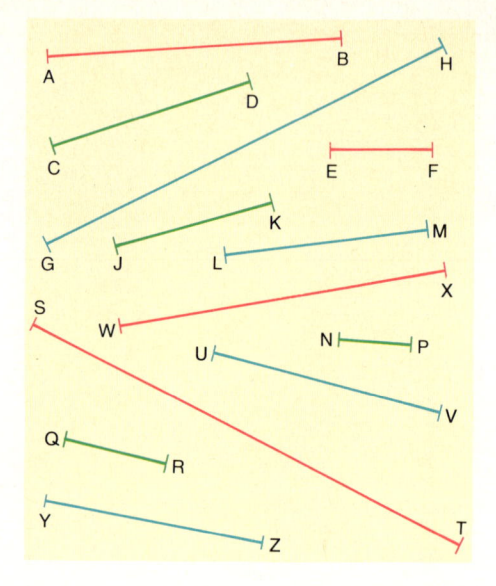

8. Verwandle in die Einheit, die in der Klammer steht.

a) 5 cm (mm)   b) 70 mm (cm)   c) 6 dm (cm)   d) 20 cm (dm)
   6 cm (mm)   40 mm (cm)   1 dm (cm)   70 cm (dm)
   1 cm (mm)   130 mm (cm)   9 dm (cm)   80 cm (dm)
   7 cm (mm)   150 mm (cm)   14 dm (cm)   120 cm (dm)

9. a) 3 m (dm)   b) 2 m (cm)   c) 3 dm (mm)   d) 700 mm (cm, dm)
       5 m (dm)   7 m (cm)   6 dm (mm)   900 mm (cm, dm)
       2 m (dm)   12 m (cm)   11 dm (mm)   4000 mm (cm, dm, m)

10. a) 600 cm (m)   b) 3000 m (km)   c) 2 km (m)   d) 28 000 mm (m)
        900 cm (m)   5000 m (km)   6 km (m)   12 000 m (m)
       1200 cm (m)   16 000 m (km)   18 km (m)   26 000 mm (m)

11. a) $\frac{1}{2}$ m (cm)   b) $\frac{1}{2}$ km (m)   c) $1\frac{1}{4}$ m (cm)   d) $\frac{1}{2}$ cm (mm)
        $\frac{1}{4}$ m (cm) $\frac{1}{4}$ km (m) $2\frac{1}{2}$ m (cm) $3\frac{1}{2}$ cm (mm)
        $\frac{3}{4}$ m (cm) $\frac{3}{4}$ km (m) $4\frac{3}{4}$ m (cm) $5\frac{1}{2}$ cm (mm)

Mit dem Auto in die Berge

Auf der schmalen Bergstraße kann nur ein Auto auf der Straße fahren. An der Ausweichstelle hat sich eine Autoschlange gebildet. Die Autofahrer sind ratlos.
Kannst du das Problem lösen?

Komma-schreibweise

1. Was bedeuten die Angaben?

2. Zeichne eine Stellentafel und trage die Längen ein. Schreibe in Meter mit Komma.

Übungen

m	dm	cm	mm
2	0	8	
		4	5

Beispiele:
208 cm = 2 m   8 cm = 2 m 0 dm 8 cm = 2,08 m
 45 cm = 0 m 45 cm = 0 m 4 dm 5 cm = 0,45 m

a) 3 m 5 dm 6 cm   b) 7 m 4 cm   c) 9 dm 4 cm   d) 12 cm   e) 10 m 36 cm
   4 m 7 dm 3 cm   10 m 3 cm   7 dm 2 cm   8 cm   20 m 9 cm
   5 m 9 cm   205 m 7 cm   1 dm   7 cm   60 m 3 cm

3. Gib in Meter mit Komma an.   Beispiel: 3 m 12 cm = 3,12 m

a) 4 m 85 cm   b) 1 m 1 dm   c) 3 m 16 cm   d) 52 cm   e) 80 m 32 cm
   21 m 16 cm   36 m 7 dm   5 m 9 cm   79 cm   70 m 8 cm
   39 m 9 cm   9 m 3 cm   11 m 2 cm   6 cm   100 m 7 cm

4. Schreibe wie im Beispiel: 7,28 m = 7 m 28 cm = 7 m 2 dm 8 cm

a) 5,76 m   b) 3,06 m   c) 0,82 m   d) 236 cm   e) 158 cm
   8,43 m   2,04 m   0,63 m   1496 cm   3009 cm
  12,18 m   1,01 m   0,07 m   1003 cm   9010 cm

5. Trage in eine Tabelle ein. Schreibe mit Komma wie in den Beispielen.

Kilometer

km			m		
100 km	10 km	1 km	100 m	10 m	1 m
		7	2	6	5
	2		0	4	8
				9	0

Beispiele:
7265 m = 7 km 265 m = 7,265 km
2048 m = 2 km   48 m = 2,048 km
  90 m = 0 km   90 m = 0,090 km

a) 5 km 989 m   b) 6 km 355 m   c) 1550 m   d) 812 m   e) 101 m
   9 km 45 m   7 km 80 m   5788 m   78 m   40 m
   4 km 75 m   9 km   7 m   4050 m   7 m   6 m

6. Schreibe mit verschiedenen Maßeinheiten.   Beispiel: 3,450 km = 3 km 450 m = 3450 m

a) 5,230 km   b) 4,700 km   c) 0,235 km   d) 23,040 km
   12,990 km   3,060 km   0,017 km   0,408 km

7. Ordne der Größe nach.
   a) 11 km 10 m   11,111 km   11,011 km   11,001 km
   b) 25,255 km   25 500 m   25,200 km   25 250 m

91

Addieren und Subtrahieren

1. Von einem Ballen Stoff werden 6,25 m, 8,70 m und 95 cm abgeschnitten.
a) Wieviel Meter Stoff wurden verkauft?
b) Auf dem Ballen befanden sich 25,85 m. Wieviel Stoff bleibt noch übrig?

Addieren

$9,45 m + 85 cm + 6,90 m$

```
   9,45 m
   0,85 m
 + 6,90 m
 ─────────
  17,20 m
```

Aufpassen:
- Gleiche Einheiten
- Komma unter Komma

Subtrahieren

$15,45 m - 95 cm$

```
   15,45 m
 -  0,95 m
 ─────────
   14,50 m
```

Übungen

2. a) 75 m + 83,50 m + 0,30 m
146 cm + 35,6 cm + 68,7 cm
26 km + 5,670 km + 39,560 km

b) 24 m 32 cm + 18 m 96 cm
95 m 12 cm + 32 m 9 cm
6 km 280 m + 7 km 55 m

3. a) 24,37 m − 19,14 m
96,74 dm − 38,69 dm
32,870 km − 17,926 km

b) 35 km 640 m − 8 km 475 m
99 km 85 m − 26 km 124 m
11 km 8 m − 3 km 26 m

4. Achte auf die Maßeinheit.
a) 5,23 m + 650 cm + 3 m 6 cm
980 cm + 1300 mm + 8,70 m
1,650 km + 980 m + 76 m

b) 8,76 m − 639 cm
65 m − 6,95 m − 455 cm
17 km 407 m − 12,585 km

5. a) Sommerschlußverkauf! Auf einem Ballen sind 55 m Kleiderstoff aufgerollt. Die Kunden verlangen nacheinander 3,25 m; 5 m 75 cm; 4,50 m; 105 cm; 8,30 m; 3 m 45 cm; 12,60 m und 6,25 m.
b) Drei Kunden wollen noch 2,85 m, 4,75 m und 1,40 m kaufen. Reicht das Reststück?

6. In einer Wohnsiedlung liegt ein Fußballplatz. Er ist 45 m lang und 22 m breit. Um ihn herum soll ein Zaun errichtet werden. Wie lang wird er?

7. Ein Kinderspielplatz ist 32,50 m lang und 18,40 m breit. Er wird mit einem Jägerzaun eingezäunt. Wie lang ist der Zaun?

8. Die Plätze sind mit Bordsteinen eingefaßt. Wie lang ist die Bordsteinkante jeweils?

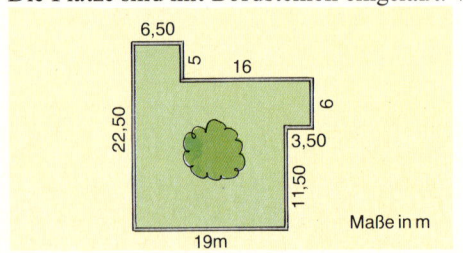

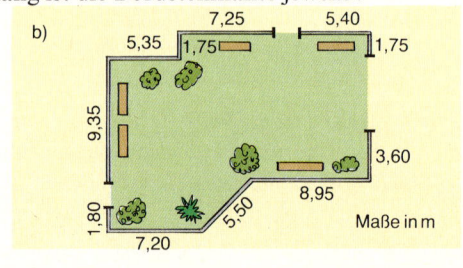

a) Maße in m: 6,50; 5; 16; 6; 3,50; 11,50; 19 m; 22,50

b) Maße in m: 7,25; 5,40; 5,35; 1,75; 1,75; 9,35; 3,60; 8,95; 5,50; 7,20; 1,80

1. Petra hilft ihren Eltern beim Tapezieren.
   a) Für eine Wohnzimmerwand schneidet sie 7 Bahnen ab. Jede Bahn ist 2,50 m lang. Reichen zwei Rollen von je 10 m?
   b) Wieviel Bahnen kann sie von einer Tapetenrolle zurechtschneiden?
   c) Aus einem Reststück von 1,20 m schneidet sie für die Fensterbrüstung drei gleich lange Bahnen.

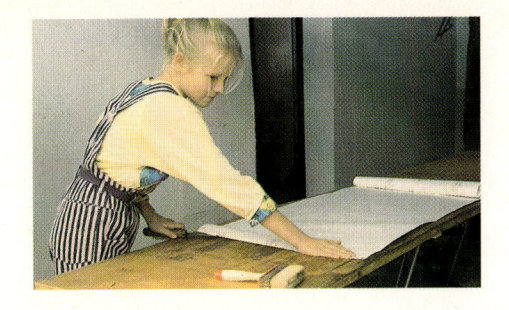

Multiplizieren und Dividieren

Multiplizieren	Dividieren
4,70 m · 6	22 m : 4,40 m 5,60 m : 7
Wandle in cm um.	Wandle in cm um.
= 470 cm · 6	2200 cm : 440 cm = 5 560 cm : 7 = 80 cm
= 2820 cm	
Schreibe in m.	
= 28,20 m	

Übungen

2. a) 43,60 m · 24   b) 56,340 km · 16   c) 12 m 6 cm · 15   d) 9 m 27 cm · 28
   26,7 cm · 32   0,694 km · 35   6 km 72 m · 32   74 km 48 m · 112
   8,972 km · 9   0,709 km · 98   0 km 386 m · 45   0,574 km · 246

3. a) 138,60 m : 9   b) 207,1 dm : 19   c) 1,500 km : 6   d) 36 km : 45
   86,100 km : 7   662,40 m : 32   9,15 m : 15   31,920 km : 42
   149,60 m : 8   727,200 km : 24   2,760 km : 12   5 km 360 m : 90

4. a) 3372 cm : 6 cm   b) 486 km : 9 km   c) 11,88 m : 26 cm   d) 16 km : 25 m
   876 m : 12 m   2492 m : 89 m   1,035 km : 45 m   0,540 km : 36 m
   2028 km : 78 km   1472 cm : 32 cm   210,8 dm : 34 cm   3,04 m : 8 cm

5. Bernd fährt mit dem Fahrrad zur Schule. Sie liegt 3,400 km entfernt. Wie viele Kilometer legt er in einer Woche mit 5 Schultagen zurück?

6. Für einen Bilderrahmen schneidet Armin von einer 1,80 m langen Profilleiste 4 gleich lange Stücke zurecht. Wie lang ist jedes Stück?

7. Herr Reimann verkleidet eine Wohnzimmerwand mit Holzbrettern.
   a) Wie viele Bretter benötigt er?
   b) Ein Paket enthält 12 Bretter.

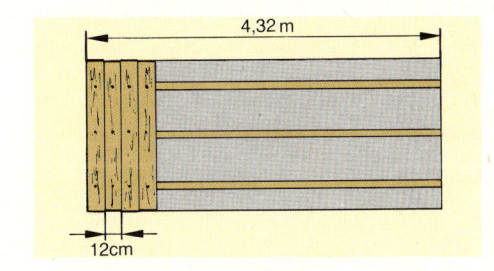

8. In einer Neubausiedlung werden Rohre für Erdgas verlegt. Ein Rohr ist 18 m lang.
   a) Der Wiesenweg hat eine Länge von 414 m. Wieviel Rohre werden gebraucht?
   b) Der Kornblumenweg ist 1,764 km lang.
   c) An der Frankfurter Straße werden 156 Rohre abgeladen. Wie lang ist dort die Erdgasleitung?

Vermischte Übungen

1. Die Rheinland-Pfalz-Radrundfahrt verläuft über 11 Etappen. Der Start erfolgt in Bad Marienberg.
Wieviel Kilometer legen die Rennfahrer insgesamt zurück?

2. Bei der Spedition Kramer wird jede Fahrt in ein Fahrtenbuch eingetragen. Berechne die fehlenden Angaben.

	Lkw 1	Lkw 2	Lkw 3	Lkw 4	Lkw 5	Lkw 6	Lkw 7	Lkw 8
Abfahrt	49247	21743	12941	125935			89890	
Rückkehr			13129	126374	72366	11008		49899
gefahrene km	762	346			932	549	123	1703

3. Das Tragflügelboot „Rheinpfeil" fährt jede Woche 6mal die Strecke Köln–Mainz (199,6 km) und zurück.
 a) Wie viele Kilometer legt es in einer Woche zurück?
 b) Die letzte Saison dauerte 29 Wochen.

4. Der quadratische Sandkasten im Garten wird mit Randsteinen befestigt. Eine Seite ist 3,60 m lang. Wie viele Randsteine muß Herr Weiler bestellen? Die Randsteine sind
 a) 60 cm lang   b) 45 m lang   c) 90 cm lang

5. Die Autobahn Mainz–Ludwigshafen wird auf einer Länge von 5,625 km erneuert. Jeden Tag asphaltiert die Maschine eine Strecke von 225 m (250 m, 125 m). In wieviel Tagen ist die Arbeit beendet?

6. Auf einer Nordseeinsel soll die Dünenlandschaft durch einen Drahtzaun geschützt werden. Auf einem 6,7 km langen Strandabschnitt wird der Draht 3fach übereinander gespannt.
 a) Wieviel Meter Draht werden benötigt?
 b) Das Gartenbauamt hat 35 km Draht eingekauft. Wieviel Rest bleibt übrig?

7. Sigrid hängt ein Regalbrett für Aktenordner auf. Das Brett ist 0,96 m lang. Sie überlegt: *„Wie viele breite Ordner (8 cm), wie viele schmale Ordner (6 cm) passen nebeneinander?"*

8. Zum „Tag der offenen Tür" werden die schönsten Bilder eingerahmt.
 a) Wie viele Meter Bildleiste braucht jeder Schüler?
 b) Wie viele Meter Bildleiste muß der Lehrer insgesamt einkaufen?

Name	Bildgröße	
	Höhe	Breite
Udo	30 cm	15 cm
Gabi	45 cm	25 cm
Karla	65 cm	55 cm
Willi	1,25 m	0,85 m

9. a) Herr Meister möchte seinen Garten (46 m lang, 14 m breit) mit einem Jägerzaun versehen. Wie viele Meter Zaun benötigt er für das rechteckige Land?
 b) Wieviel Meter Zaun spart er ein, wenn er den Zaun nicht auf die Grenze, sondern an jeder Seite um einen Meter nach innen setzt? Fertige eine Skizze an.

6.5 Rechnen mit Gewichten, Längen und Preisen

> 1 kg Fleisch kostet 15 DM
> 5 kg Fleisch kosten das Fünffache
> Rechnung: 15 DM · 5 = 75 DM

> 8 Liter Milch kosten 12 DM
> 2 Liter Milch kosten den 4. Teil
> Rechnung: 12 DM : 4 = 3 DM

Übungen

1. a) Wieviel DM kosten 3 kg Fleisch? b) Wieviel DM kosten 4 Liter Milch?

2. Eine Waage ist auf den Kilogrammpreis 7,80 DM eingestellt. Wieviel DM zeigt sie
   a) bei 2 kg (3 kg; 5 kg; 6 kg)? b) bei 500 g (250 g; 100 g; 1000 g)?

3. Bei 125 g zeigt die Waage 1,45 DM an. Wieviel DM zeigt sie an bei 250 g (375 g; 500 g; 625 g; 1 kg)?

4. Familie Blum zahlt im Monat 645,50 DM Miete. Wie hoch ist die jährliche Belastung?

5. Alle zwei Monate zahlt Frau Eichler 325 DM an Stromkosten. Wieviel DM sind das in einem Jahr?

6. a) Herr Schmelzer muß 8 Einheiten bezahlen. Wieviel DM sind das?
   b) Frau Rapp bezahlt an Telefongebühren 15,60 DM. Wie viele Einheiten muß sie bezahlen?
   c) Frau Zewe hat 6 Minuten lang mit ihrer Freundin telefoniert. Eine Einheit dauert 45 Sekunden.

7. Klaus schwimmt 1500 m für das Sportabzeichen auf einer 25-m-Bahn. Wie viele Bahnen muß er schwimmen?

8. Ein Liter Super kostet 0,98 DM. Frau Zimmer tankt genau 50 Liter. Wieviel DM muß sie zahlen?

9. Herr Klein hat einen neuen Pkw. Er verbraucht nur 7 Liter auf 100 km. Sein Tank faßt 63 Liter. Wieviel Kilometer kann er damit fahren?

10. a) Herr Gräser hat in 7 Jahren 122038 km zurückgelegt. Wieviel Kilometer ist er durchschnittlich im Jahr gefahren?
    b) Herr Henke hat in drei Jahren mit seinem Auto 52602 km zurückgelegt. Wieviel Kilometer ist er pro Jahr gefahren?

11. Frau Wagner und Frau Schröder unterhalten sich über ihren Einkauf beim Metzger. Beide haben Hackfleisch gekauft. Wer hat günstiger eingekauft?

6.6 Übungen zur Wiederholung

1. Wandle in die angegebenen Maßeinheiten um.

   a) 6 kg (g)   b) 4000 kg (t)   c) 7 min (s)   d) 180 min (h)
      11 kg (g)   6500 kg (t)   46 min (s)   240 min (h)
      6000 g (kg)   3 t (kg)   15 min 16 s (s)   98 min (h, min)
      7500 g (kg)   26 t (kg)   32 min 4 s (s)   121 min (h, min)

2. a) 8 cm (mm)   b) 6 dm (cm)   c) 4 m (dm)   d) 8 km (m)
      12 cm (mm)   2 dm (cm)   7 m (dm)   12 km (m)
      80 mm (cm)   40 cm (dm)   20 dm (m)   16000 m (km)
      140 mm (cm)   130 cm (dm)   45 dm (m)   29000 m (km)

3. Schreibe mit Komma.   Beispiel: 24 DM 8 Pf = 24,08 DM

   a) 14 DM 41 Pf   b) 4 DM 7 Pf   c) 9 DM 1 Pf   d) 99 Pf   e) 204 Pf
      26 DM 9 Pf   36 DM 9 Pf   10 DM 2 Pf   112 Pf   309 Pf

4. Gib in Meter mit Komma an.

   a) 5 m 75 cm   b) 2 m 7 dm   c) 4 m 6 cm   d) 63 cm   e) 90 cm
      24 m 16 cm   8 m 3 dm   12 m 8 cm   89 cm   5 cm
      9 m 8 cm   9 m 8 dm 1 cm   20 m 6 cm   7 cm   10 cm

5. Gib in Kilogramm mit Komma an.

   a) 21 kg 768 g   b) 20 kg 447 g   c) 46 kg 8 g   d) 2540 g   e) 975 g
      34 kg 212 g   50 kg 80 g   9 kg 9 g   1250 g   80 g
      10 kg 128 g   80 kg 7 g   70 kg 6 g   6500 g   25 g

6. Rechne aus.

   a) 2,60 DM + 0,75 DM   b) 385,73 DM − 238,75 DM   c) 68 DM 8 Pf + 163,10 DM
      34,842 kg + 12,233 kg   54,74 m − 19,25 m   87 Pf + 2 DM 13 Pf
      65 m + 74,68 m   32,529 g + 28,861 g   5 t 237 kg + 3,047 t
      568,146 g + 184,925 g   91,208 t + 110,892 t   84 kg 15 g + 108,726 kg

7. Für die Zentralheizung eines Wohnblocks wurden 3,6 t Kohlen eingekellert. Wegen des sehr kalten Winters bestellte der Hausmeister noch zweimal Kohlen nach: einmal 700 kg und einmal 0,9 t. Wieviel Kohle bestellte er insgesamt?

8. In einem Lebensmittelgeschäft hat die Kassiererin am Morgen 624,18 DM in ihrer Kasse. Die Kunden bezahlen 36,58 DM, 80,06 DM und 9,32 DM. Für Flaschenpfand erstattet sie 6,60 DM. Wieviel DM sind jetzt in der Kasse?

Lösungen von Nr. 6 bis 8:
DM: 3,35 146,98 743,54   g: 61,39   753,071
m: 35,49 139,68   kg: 47,075 201,016
km: 1,918 101,196   t: 5,2   202,1   3465,744

9. Schreibe untereinander und addiere.
   a) 53,5 kg + 17,250 kg + 5 kg 432 g
   b) 17 kg 59 g + 7856 g + 67,569 kg
   c) 47,453 t + 2 t + 48 kg + 27,080 t
   d) 56,06 DM + 23 DM 7 Pf + 4529 Pf
   e) 6,28 m + 390 cm + 2 m 6 cm
   f) 1,450 km + 2500 m + 47 m
   g) 58 kg + 3256 kg + 0,674 t + 1 kg
   h) 3467 g + 1,5 kg + 0,089 kg + 1 g

10. Auf einem Ballen sind 30 m Kleiderstoff aufgerollt. Im Winterschlußverkauf werden nacheinander 2,75 m; 4 m 35 cm; 6,50 m; 205 cm; 9,40 m; 3 m 65 cm und 95 cm verlangt. Wie lang ist das Reststück?

11. a) 48,37 DM · 7   b) 14,120 t : 4   c) 6,3 kg : 9 g
    135,03 km · 12   117,25 DM : 5   65,60 DM : 8 Pf
    163,042 g · 23   160,81 m : 13   76,20 DM : 6 Pf
    2483,783 t · 9   4,693 g : 19   1,2 km : 4 m
    63,04 DM · 84   598,50 DM : 42   3,6 kg : 6 g

12. Herr Lorenz fährt jeden Tag 38 km zu seiner Arbeitsstelle. Wie viele Kilometer legt er zurück
    a) an einem Tag   b) in einer Woche mit 5 Arbeitstagen
    c) in drei Wochen   d) in einem Monat mit 21 Arbeitstagen
    e) in einem Jahr mit 223 Arbeitstagen.

    Lösungen von Nr. 9 bis 12:   ohne Maßeinheit: 300   600   700   820   1270
    g: 0,247   3749,966   5057   kg: 5,057   76,182   92,484   3989
    t: 3,53   76,581   22 354,047   DM: 14,25   23,45   124,42   338,59   5295,36
    km: 3,997   76   380   1140   1596   1620,36   16948   m: 0,35   12,24   12,37

13. Herr Weiler möchte den rechteckigen Sandkasten mit Randsteinen befestigen.
    a) Wie viele Meter sind es rundum?
    b) Die Randsteine sind 60 cm lang. Wie viele Randsteine verlegt er?

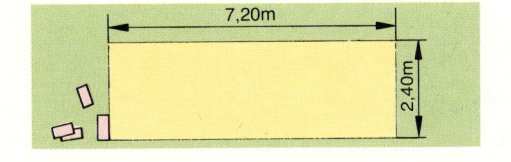

    (7,20 m × 2,40 m)

14. In einem Karton sind 20 Päckchen Suppennudeln zu je 250 g. Welches Gewicht haben die Nudeln? Gib in Gramm und Kilogramm an.

15. a) Ein Liter Diesel kostet 1,02 DM. Herr Jank tankt 40 Liter.
    b) Frau Reuter tankt für 53,04 DM. Wie viele Liter zeigt die Tankuhr an?
    c) Frau Klein tankt 30 Liter „bleifrei" für 1,08 DM je Liter. Welchen Betrag muß sie an der Kasse bezahlen?

16. Udo zahlt für 3 Flaschen Orangensaft 3,96 DM. Ein Karton mit 6 Flaschen wird für 8,40 DM angeboten. Welches Angebot ist günstiger? Vergleiche jeweils den Preis für eine Flasche.

17. Im „Top-Markt" werden vier Apfelsinen im Netz für 2,40 DM angeboten. Einzeln kosten die Apfelsinen 60 Pf. Vergleiche.

18. Ein Lkw wird mit Zementsäcken beladen. Jeder Sack wiegt 40 kg. Die Fracht darf nicht mehr als 6,4 t betragen. Wie viele Säcke kann der Lkw höchstens anliefern?

    Lösungen von Nr. 13 bis 18: 0,6   1,32   1,4   5   19,20   32   32,40   40,80   52   160   5000

7 Teilbarkeit

7.1 Teiler und Vielfache

1. Im Sportunterricht wird zum Aufwärmen ein Spiel durchgeführt. Die Schüler bewegen sich frei in der Halle. Die Lehrerin ruft eine Zahl. Nun bilden die Schüler Gruppen, die so groß sind wie die genannte Zahl. Wer übrigbleibt, scheidet aus.
   Die Lehrerin ruft: „5".   20 : 5 = 4   Kein Kind bleibt übrig.
   Die Lehrerin ruft: „3".   20 : 3 = 6 R 2   Zwei Kinder bleiben übrig.
   a) Zwei Kinder sind ausgeschieden. Die Lehrerin ruft: „4". Schreibe eine Rechenaufgabe.
   b) Es sind noch zwölf Kinder im Spiel. Die Lehrerin ruft: „3".

2. 24 Äpfel sollen so verpackt werden, daß in jedem Beutel gleich viele sind. Welche Möglichkeiten gibt es?

Teiler
Vielfaches

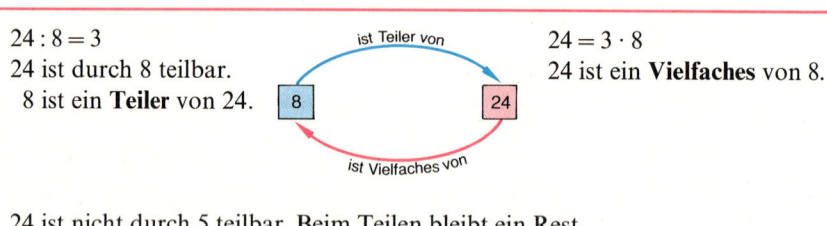

> 24 : 8 = 3   ist Teiler von   24 = 3 · 8
> 24 ist durch 8 teilbar.   24 ist ein **Vielfaches** von 8.
> 8 ist ein **Teiler** von 24.   [8] → [24]
>   ist Vielfaches von
>
> 24 ist nicht durch 5 teilbar. Beim Teilen bleibt ein Rest.
> 5 ist **nicht Teiler** von 24.   24 ist **nicht Vielfaches** von 5.

Übungen

3. Schreibe Zahlen auf, die Teiler sind.
   a) von 8   b) von 12   c) von 15   d) von 17   e) von 27   f) von 36   g) von 42

4. Setze „ist Teiler von" oder „ist nicht Teiler von" ein, so daß wahre Aussagen entstehen.
   a) 3 ▪ 12   b) 2 ▪ 21   c) 13 ▪ 69   d) 13 ▪ 31   e) 11 ▪ 66   f) 20 ▪ 400
   17 ▪ 17   5 ▪ 24   14 ▪ 56   8 ▪ 96   11 ▪ 11   35 ▪ 7
   7 ▪ 56   6 ▪ 16   30 ▪ 15   9 ▪ 99   44 ▪ 11   35 ▪ 700

5. Schreibe fünf Zahlen auf, die Vielfache sind.
   a) von 8   b) von 12   c) von 15   d) von 22   e) von 37   f) von 40   g) von 101

6. Bilde wahre Aussagen, indem du „ist Vielfaches von" oder „ist nicht Vielfaches von" einsetzt.
   a) 24 ▪ 8   b) 12 ▪ 36   c) 35 ▪ 7   d) 135 ▪ 15   e) 144 ▪ 12   f) 16 ▪ 48
   27 ▪ 6   15 ▪ 15   35 ▪ 5   42 ▪ 13   144 ▪ 6   32 ▪ 16
   40 ▪ 10   9 ▪ 2   56 ▪ 6   42 ▪ 14   144 ▪ 16   111 ▪ 37

7.2 Teilermengen und Vielfachenmengen

1. a) Carola hat alle Teiler der Zahl 24 gefunden und aufgeschrieben.
b) Schreibe die Teilermengen der Zahlen 12, 16, 18 und 30 auf.

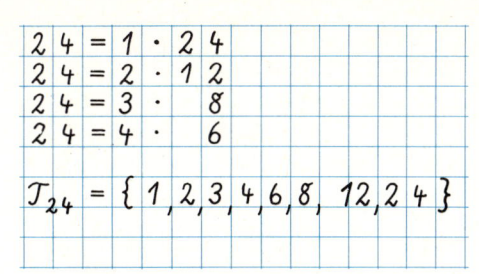

$$24 = 1 \cdot 24$$
$$24 = 2 \cdot 12$$
$$24 = 3 \cdot 8$$
$$24 = 4 \cdot 6$$

$$T_{24} = \{1, 2, 3, 4, 6, 8, 12, 24\}$$

Teilermengen

Die Zahlen 1, 3, 5, 15 sind Teiler von 15. Sie bilden die **Teilermenge** von 15.

$$T_{15} = \{1, 3, 5, 15\}$$

Man schreibt: $3 \in T_{15}$ *Man schreibt:* $4 \notin T_{15}$
Man spricht: 3 gehört zu T_{15} *Man spricht:* 4 gehört nicht zu T_{15}

Teilermenge

---

2. Bilde folgende Teilermengen.

a) T_8 b) T_{20} c) T_{21} d) T_{27} e) T_{32} f) T_{35} g) T_{36} h) T_{48}

Übungen

3. Welche Aussagen sind wahr?

a) $15 \in T_{60}$ b) $17 \notin T_{34}$ c) $44 \notin T_{444}$ d) $3 \in T_{21}$ e) $90 \notin T_{270}$
f) $15 \notin T_{45}$ g) $17 \in T_{340}$ h) $44 \in T_{44}$ i) $3 \notin T_{12}$ k) $90 \in T_{720}$

4. Schreibe ab und setze die Zeichen $\in$ oder $\notin$ ein.

a) 12 ▪ T_{36} b) 15 ▪ T_{30} c) 1 ▪ T_{49} d) 15 ▪ T_{115} e) 2 ▪ T_{101}
14 ▪ T_{56} 30 ▪ T_{15} 8 ▪ T_{28} 22 ▪ T_{222} 6 ▪ T_{16}
8 ▪ T_{36} 50 ▪ T_{50} 4 ▪ T_{28} 3 ▪ T_{33} 8 ▪ T_{48}

5. a) Gib fünf Teilermengen an, welche die Zahl 6 enthalten.   Beispiel: $6 \in T_{12}$.
b) Gib ebenso Teilermengen an, die die Zahl 8 (9, 10, 13, 15, 24) enthalten.
c) Schreibe je drei Teilermengen auf, welche die Zahlen 3 und 9 (2 und 3; 5 und 7; 2, 4 und 8; 2, 5 und 10) enthalten.

6. a) Welche Zahlen von 10 bis 20 gehören zu T_{30}, welche nicht?
Setze fort: $10 \in T_{30}$, $11 \notin T_{30}$, ...
b) Welche Zahlen von 20 bis 25 gehören zu T_{36} (T_{42}, T_{48})?

7. Welche Zahlen einer Teilermenge sind hier versteckt? Bei jeder Aufgabe erhältst du ein Lösungswort.

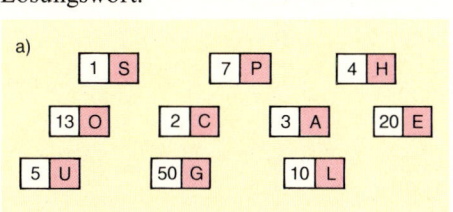

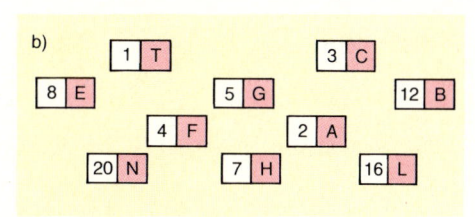

a)
1 S	7 P	4 H
13 O	2 C	3 A	20 E
5 U	50 G	10 L

b)
1 T		3 C
8 E	5 G	12 B
4 F	2 A
20 N	7 H	16 L

8. Bestimme die Teilermengen. Suche nach einer Gesetzmäßigkeit.

a) T_2, T_4, T_8, T_{16}, T_{32}, T_{64} b) T_3, T_9, T_{27}, T_{81}, T_{243}

Vielfachen-
mengen

1. a) Martin soll alle Vielfachen von 7 an die Tafel schreiben. Kannst du ihm helfen?
b) Schreibe ebenso die Vielfachenmengen der Zahlen 9 (11, 12, 5, 4) auf. Warum kannst du nicht alle Vielfachen aufschreiben?

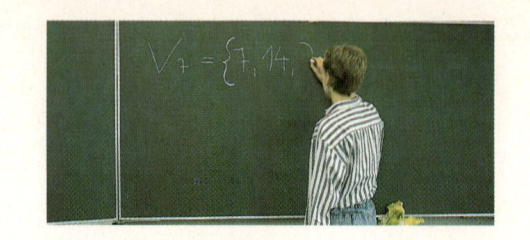

Vielfachen-
menge

> Die Zahlen 7, 14, 21, 28, 35, ... sind Vielfache von 7. Sie bilden die **Vielfachenmenge** von 7. Jede Vielfachenmenge hat unendlich viele Elemente.
>
> $$V_7 = \{7, 14, 21, 28, 35, ...\}$$
>
> *Man schreibt:* $14 \in V_7$ *Man schreibt:* $15 \notin V_7$
> *Man spricht:* 14 gehört zu V_7 *Man spricht:* 15 gehört nicht zu V_7

Übungen

2. Bilde folgende Vielfachenmengen. Gib jeweils die ersten zehn Zahlen an.
    a) V_2 b) V_6 c) V_{14} d) V_{15} e) V_{16} f) V_{20} g) V_{25} h) V_{27}

3. Welche Aussagen sind wahr?
    a) $40 \in V_4$ b) $15 \notin V_5$ c) $8 \in V_4$ d) $20 \in V_{20}$ e) $37 \notin V_7$ f) $54 \in V_7$
    g) $34 \notin V_4$ h) $51 \in V_5$ i) $18 \notin V_4$ k) $20 \notin V_{10}$ l) $91 \in V_7$ m) $54 \notin V_9$

4. Schreibe ab und setze die Zeichen $\in$ oder $\notin$ ein.
    a) 36 ▪ V_{12} b) 12 ▪ V_{12} c) 30 ▪ V_{15} d) 14 ▪ V_4 e) 16 ▪ V_6
    36 ▪ V_9 14 ▪ V_7 35 ▪ V_{15} 24 ▪ V_4 26 ▪ V_6
    36 ▪ V_2 8 ▪ V_{16} 50 ▪ V_{15} 34 ▪ V_4 36 ▪ V_6

5. a) Gib drei Vielfachenmengen an, welche die Zahl 12 enthalten.   Beispiel: $12 \in V_6$
    b) Gib ebenso Vielfachenmengen an, die die Zahl 24 (30, 32, 42) enthalten.

6. Welche Vielfachenmenge wurde gebildet? Schreibe ab und erweitere um je zehn Zahlen.
    a) $V_{\_} = \{13, 26, 39, ...\}$ b) $V_{\_} = \{3, 6, 9, ...\}$ c) $V_{\_} = \{8, 16, 24, ...\}$
    d) $V_{\_} = \{17, 34, 51, ...\}$ e) $V_{\_} = \{22, 44, 66, ...\}$ f) $V_{\_} = \{35, 70, 105, ...\}$

7. Um welche Vielfachenmengen handelt es sich? Schreibe je fünf Zahlen dazu.
    a) $V_{\_} = \{..., 27, 36, 45, ...\}$ b) $V_{\_} = \{..., 24, 28, 32, ...\}$ c) $V_{\_} = \{..., 63, 70, 77, ...\}$
    d) $V_{\_} = \{..., 48, 60, 72, ...\}$ e) $V_{\_} = \{..., 30, 45, 60, ...\}$ f) $V_{\_} = \{..., 75, 100, 125, ...\}$

8. a) $V_{\_} = \{\_, 10, \_, 20, \_, ...\}$ b) $V_{\_} = \{\_, \_, 27, \_, 45, ...\}$ c) $V_{\_} = \{\_, \_, 12, 16, \_, ...\}$
    d) $V_{\_} = \{11, \_, \_, 44, \_, ...\}$ e) $V_{\_} = \{\_, 32, \_, 64, \_, ...\}$ f) $V_{\_} = \{\_, \_, 60, \_, 100, ...\}$

9. a) Welche Geldbeträge kann Christina mit 2-DM-Stücken bezahlen, ohne daß ihr etwas herausgegeben werden muß?
    b) Kathrin hat nur 5-DM-Stücke. Welche Beträge kann sie damit bezahlen?

10. Auf einem Sportplatz ist auf der Innenbahn eine Runde 400 m lang. Fallen bei einem Lauf von 800 m (1000 m, 1500 m, 2000 m) Start und Ziel zusammen?

7.3 Teilbarkeitsregeln

1. Die Klasse 5b veranstaltet ein Klassenfest. Für Dekoration, Essen und Getränke muß jeder Schüler 5 DM bezahlen. Markus sammelt das Geld ein.

   142 DM? Das kann doch nicht stimmen.

   Endstellen

2. Welche der folgenden Geldbeträge lassen sich ohne Rest in 10-DM-Scheine umwechseln? Gib die Antwort, ohne zu rechnen.

   57 DM   21 DM   370 DM
   880 DM   150 DM   171 DM

3. a) Welche Ziffern treten bei den Vielfachen von 5 an der Endstelle auf?
   b) Welche Ziffern treten bei den Vielfachen von 10 an der Endstelle auf?

   > Eine Zahl ist durch 5 teilbar, wenn ihre letzte Ziffer 0 oder 5 ist.
   > Eine Zahl ist durch 10 teilbar, wenn ihre letzte Ziffer 0 ist.

   Teilbarkeit durch 5; 10

4. Welche Zahlen sind durch 5 teilbar?
   a) 35 81 153 210   b) 480 47 301 55   c) 57 552 1000 300

   Übungen

5. Welche Zahlen sind durch 10 teilbar?
   a) 43 90 264 5000   b) 390 105 171 150   c) 505 700 75 40

6. Welche Zahlen sind durch 5, welche sind durch 10 teilbar?
   a) 25 91 56 60   b) 123 345 890 605   c) 2468 9735 8090 2000

7. Ergänze die fehlenden Ziffern so, daß die Zahlen durch 5 teilbar sind.
   a) 6◻ 99◻ 765◻ 23◻   b) 123◻ 355◻ 900◻ 405◻   c) 2◻5 56◻80 1010◻

8. Ergänze die fehlenden Ziffern so, daß die Zahlen durch 10 teilbar sind.
   a) 8◻ 77◻ 321◻ 54◻   b) 305◻ 417◻ 3420◻ 579◻ c) 99◻90 642◻ 9◻7

9. 463 Eier werden zu je 10 in einen Karton gepackt. Wie viele Eier bleiben übrig?

10. Auf dem Schulbasar sollen Glückwunschkarten im Päckchen zu je fünf verkauft werden. Marco hat 99 Karten zu verpacken.

11. Suche die Zahlen heraus, die durch 5 teilbar sind. Du erhältst ein Lösungswort. Ordne.

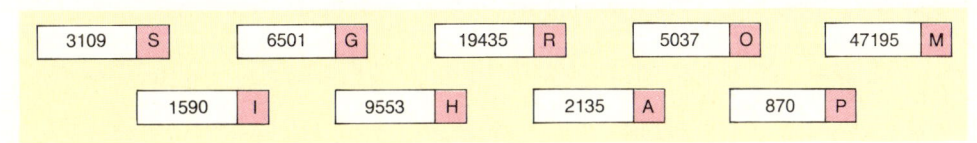

    | 3109 | S | 6501 | G | 19435 | R | 5037 | O | 47195 | M |

    | 1590 | I | 9553 | H | 2135 | A | 870 | P |

12. Welche Zahlen sind durch 5 teilbar? Sind sie auch durch 10 teilbar?
    a) 155   515   551   500   50005
    b) 5402   4025   2540   2045   5400
    c) 89055   789900   998005   505003
    d) 252525   525252   60606   66600
    e) 5353   6000   99995   777345
    f) 1710   100000   555555   808080

1. Die Klasse 5 bekommt neue Tische. Zur Auswahl stehen Zweier- oder Vierertische. Es sollen so wenig Tische wie möglich aufgestellt werden.
   Können alle Tische voll besetzt werden, wenn die Klasse 26 (32, 29, 28, 30, 25) Schüler hat?

2. Welche Geldbeträge zwischen 251 DM und 279 DM lassen sich ohne Rest in 2-DM-Stücke umwechseln?

3. Schreibe die Vielfachen von 2 bis zur Zahl 40 auf. Welche Ziffern treten an der Endstelle auf?

4. a) Wie kannst du schnell herausfinden, ob 220, 312, 188, 496 durch 4 teilbar sind?
   b) Überprüfe die folgenden Zahlen auf ihre Teilbarkeit durch 4:
   500, 214, 456, 466, 224, 984, 974, 334

Vielfache von 4							
4	8	12	16	...	92	96	100
104	108	112	116	...	192	196	200
204	208	212	216	...	292	226	300
⋮	⋮	⋮	⋮		⋮	⋮	⋮

Teilbarkeit durch 2; 4

Eine Zahl ist durch 2 teilbar, wenn ihre letzte Ziffer 0, 2, 4, 6 oder 8 ist.
Eine Zahl ist durch 4 teilbar, wenn die beiden letzten Ziffern Nullen sind oder eine durch 4 teilbare Zahl bilden.

Übungen

5. Welche Zahlen sind durch 2 teilbar?
   a) 123   231   312   132   b) 900   552   447   689   c) 888   333   1000   9876

6. Welche Zahlen sind durch 4 teilbar?
   a) 376   678   902   468   b) 1636   5792   9644   c) 67840   7000   2852   3574

7. Ergänze die fehlenden Ziffern so, daß die Zahlen durch 2 teilbar sind.
   a) 7☐   13☐   345☐   890☐   b) 222☐   333☐   567☐   c) 4☐6   39☐52   300☐☐   5☐3

8. Ersetze die fehlenden Ziffern so, daß die Zahlen durch 4 teilbar sind.
   a) 45☐   88☐   99☐   124☐   b) 555☐2   666☐4   3000☐6   c) 67☐0   7☐58   91☐   135☐2

9. Suche die Zahlen heraus, die durch 4 teilbar sind. Du erhältst ein Lösungswort.

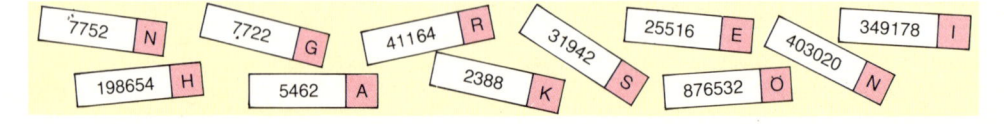

   7752 N   7722 G   41164 R   31942 S   25516 E   403020 I   349178 I
   198654 H   5462 A   2388 K   876532 Ö   N

10. Welche Zahlen sind durch 2 teilbar? Sind sie auch durch 4 teilbar?
    a) 90   470   840   6500   430   79900   b) 33   47   54   46   136   286
    c) 98754   2745   2346   3574   59738   d) 1001001   7178   1188   21343
    e) 2727272   7272727   4444444   2222222   f) 123456   987654   24680   97530

Quersummenregel

Meine Zahl heißt 48762

Ich bilde die Quersumme 4+8+7+6+2 = 27. 27 ist durch 9 teilbar.

Deine Zahl ist durch 9 teilbar.

1. Dirk kennt einen Trick, wie man schnell ausrechnen kann, ob eine Zahl durch 9 teilbar ist. Erkläre.

2. Überprüfe Dirks Trick.
   Sind die Zahlen 729, 153, 539, 218, 7776 durch 9 teilbar?
   Bilde die Quersumme und mache die Probe, indem du die Zahlen durch 9 teilst?

3. Teile die Zahlen 729, 153, 534, 213, 777, 341, 8903 durch 3. Welche Zahlen lassen sich ohne Rest teilen. Bilde die Quersumme. Was fällt dir auf?

> Eine Zahl ist durch 9 teilbar, wenn ihre Quersumme durch 9 teilbar ist.
> Eine Zahl ist durch 3 teilbar, wenn ihre Quersumme durch 3 teilbar ist.

Teilbarkeit durch 3; 9

Übungen

4. Welche Zahlen sind durch 9 teilbar? Sind diese Zahlen auch durch 3 teilbar?
   a) 316   927   675   8523   7633
   b) 1596   9324   18774   22546   37059

5. Welche Zahlen sind durch 3 teilbar? Sind sie auch durch 9 teilbar?
   a) 70, 350, 620, 8300, 270, 34400
   b) 13, 27, 34, 45, 53, 135, 277
   c) 98254, 5472, 6432, 4752, 38795
   d) 111001, 7781, 9991, 316912
   e) 272728, 444546, 77665544
   f) 12345678, 555555, 222444, 77766

6. Ersetze die fehlenden Ziffern so, daß die Zahlen durch 9 teilbar sind.
   a) 3■456   b) 75■85   c) 34■921   d) 7■59   e) ■456789   f) 654■2   g) 32■818

7. Ersetze die fehlenden Ziffern so, daß die Zahlen durch 3 teilbar sind.
   a) 45■08   b) 129■62   c) 213■43   d) 115■8   e) ■1294   f) ■8976   g) 9■2919

8. Bilde aus den Ziffern vier verschiedene Zahlen und überprüfe, ob sie durch 3 (durch 9) teilbar sind.
   a) 3 7 8   b) 8 7 3 3   c) 2 4 6 8 1   d) 1 2 3 4 5

9. Übertrage die Tabelle in dein Heft. Setze sie für die Zahlen 495, 224 und 4752 fort. Was fällt dir auf?

Zahl	Quersumme der Zahl	Quersumme teilbar durch 9	Quersumme teilbar durch 3	Zahl teilbar durch 9	Zahl teilbar durch 3
747	7+4+7=18	ja	ja	ja	ja
1956	1+9+5+6=21	nein	ja	nein	ja

103

Vermischte Übungen

1. Welche der folgenden Zahlen sind durch 2 (4, 5, 10) teilbar?
  a) 242   465   7300   51 736   33 750
  b) 64 576   3605   22 222   590 760

2. Welche der folgenden Zahlen sind durch 3 (durch 9) teilbar?
  a) 812   357   4068   52 410   89 991
  b) 2236   654 321   87 879   804 060

3. Vergleiche die Zahlen. Was fällt dir auf. Überprüfe, ob sie durch 3 teilbar sind.
  a) 825   528   258   285   852   582
  b) 76 521   75 162   67 251   12 567

4. Ergänze die fehlenden Ziffern so, daß die Zahlen
  a) durch 2 teilbar sind: 849▮   34 57▮   12 98▮   459 81▮   67 084▮   111 11▮
  b) durch 4 teilbar sind: 78▮▮   794▮2   13 5▮▮   9768▮6   3041▮   3 33 3▮
  c) durch 3 teilbar sind: 6▮90   14▮78   8886▮   15 795▮   9756▮4   ▮81 249
  d) durch 9 teilbar sind: 478▮   52 09▮   ▮650   481▮8   57▮905   ▮56 710
  e) durch 2 und 3 teilbar sind: 578▮   1098▮   546▮   76 76▮   88 664▮   2468▮
  f) durch 3 und 4 teilbar sind: 97▮4   43▮▮   76▮8   475▮▮   321▮0   194▮▮

5. Schreibe die Tabelle ab und kreuze an.

a)

	teilbar durch			
	2	4	5	10
620				
5085				
908				
2450				

b)

	teilbar durch		
	2	3	9
360			
1980			
6454			
2223			

c)

	teilbar durch		
	3	5	9
425			
5250			
9225			
18 180			

6. Welche Zahlen zwischen 241 und 273 sind teilbar durch   a) 2   b) 3   c) 4   d) 5?

7. Untersuche, welche Zahlen durch 2, 3, 9 teilbar sind.
  a) 5678   2345   9744   2583
  b) 27 882   75 354   5 849 358
  c) 728 828   765 553   539 484
  d) 325 674   9 753 864   3 067 128

8. Schreibe die Tabelle ab und kreuze an.

a)

	teilbar durch					
	2	3	4	5	9	10
649 060						
357 975						
454 320						

b)

	teilbar durch					
	2	3	4	5	9	10
648 090						
456 765						
203 454						

Kreuz und quer
Zeichne das Kreuz auf Karton und schneide es aus.
Zerschneide es entlang der gestrichelten Linien.
Lege die Teile zu einem Quadrat zusammen.

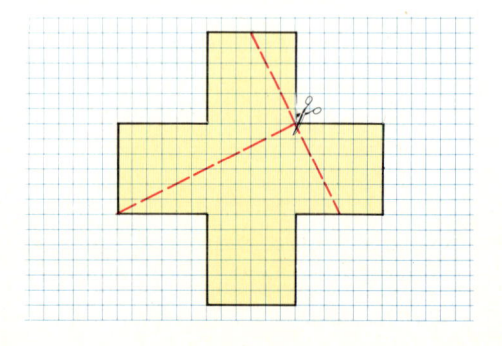

7.4 Gemeinsame Teiler und Vielfache

Gemeinsame Teiler

1. Melanie soll die gemeinsamen Teiler von 20 und 24 bestimmen.
   a) Vervollständige das Mengenbild in deinem Heft. Trage alle Teiler von 20 und 24 ein.
   b) Welches sind die gemeinsamen Teiler von 20 und 24?
   c) Wie heißt der größte gemeinsame Teiler (ggT)?

$T_{12} = \{1, 2, 3, 4, 6, 12\}$
$T_{16} = \{1, 2, 4, 8, 16\}$
Die **gemeinsamen Teiler** von 12 und 16 sind die Zahlen 1, 2, 4.
Der **größte gemeinsame Teiler** von 12 und 16 ist 4.
Man schreibt: **ggT** (12, 16) = 4

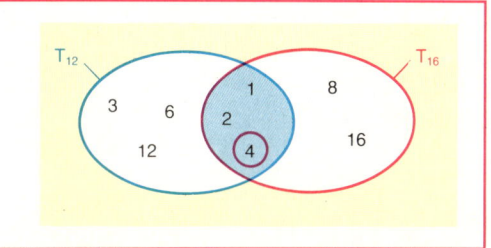

gemeinsame Teiler

ggT

2. Schreibe die Teilermengen auf und unterstreiche die gemeinsamen Teiler. Gib den ggT an.
   a) 12 und 15   b) 16 und 18   c) 20 und 25   d) 28 und 32   e) 36 und 48

Übungen

3. Stelle in einem Mengenbild dar. Rahme den ggT der beiden Zahlen ein.
   a) T_{24} und T_{36} b) T_{32} und T_{48} c) T_{15} und T_{60} d) T_{48} und T_{60} e) T_{14} und T_{18}

4. Bestimme die gemeinsamen Teiler. Gib jeweils den ggT der beiden Zahlen an.
   a) 4 und 20   b) 10 und 35   c) 20 und 24   d) 42 und 14   e) 32 und 48
      9 und 12   18 und 27   24 und 8   33 und 44   18 und 21

5. Übertrage die Tabellen in dein Heft und trage den ggT ein.

a)
ggT	21	35	42	55	25	30	80
14							
28							
15							

b)
ggT	15	18	30	40	48	54	60
12							
24							
30							

6. Schreibe die Teilermengen auf und unterstreiche die gemeinsamen Teiler. Gib den ggT an.
   a) 2, 4 und 8   b) 12, 14 und 18   c) 22, 33 und 44   d) 24, 36 und 48
      4, 8 und 20   15, 24 und 30   20, 40 und 80   12, 18 und 24

7. Ist der größte gemeinsame Teiler 1, so sagt man, die Zahlen sind **teilerfremd**.
   Bestimme den ggT und gib an, welche Zahlen teilerfremd sind.
   a) 15 und 25   b) 9 und 13   c) 12 und 25   d) 27 und 32   e) 12, 21 und 40
      21 und 10   32 und 42   51 und 17   26 und 39   16, 22 und 56

teilerfremd

105

Gemeinsame Vielfache

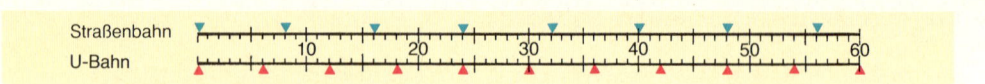

1. Am Hauptbahnhof fahren eine U-Bahn und eine Straßenbahn ab.
   Die Straßenbahnen verkehren im Abstand von 8 Minuten. Die U-Bahnen fahren alle 6 Minuten. Nach wieviel Minuten fahren Straßenbahn und U-Bahn wieder gleichzeitig ab?

2. a) Schreibe V_4 und V_6 auf. Gib jeweils zehn Vielfache an. Rahme die gemeinsamen Vielfachen ein.
   b) Wie heißt das kleinste gemeinsame Vielfache (kgV)?
   c) Trage V_4 und V_6 in das Mengenbild ein.

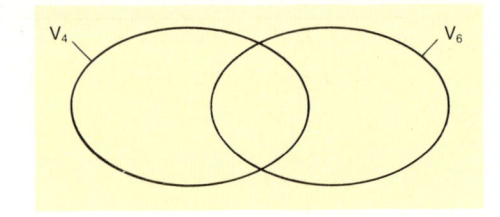

gemeinsame Vielfache

kgV

$V_6 = \{6, 12, \boxed{18}, 24, 30, 36, 42, ...\}$
$V_9 = \{9, \boxed{18}, 27, 36, 45, ...\}$
Die **gemeinsamen Vielfachen** von 6 und 9 sind die Zahlen 18, 36, ...
Das **kleinste gemeinsame Vielfache** von 6 und 9 ist 18.
Man schreibt: **kgV** $(6, 9) = 18$

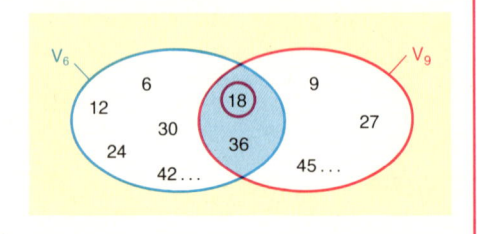

Übungen

3. Schreibe die ersten zehn Zahlen der Vielfachmengen auf. Unterstreiche die gemeinsamen Vielfachen und gib das kgV an.

   a) 4 und 6   b) 10 und 15   c) 8 und 12   d) 6 und 8   e) 2 und 3   f) 6 und 10

4. Stelle im Mengenbild dar. Trage die ersten zehn Vielfachen ein. Gib das kgV an.

   a) V_4 und V_5 b) V_{20} und V_{30} c) V_{12} und V_{15} d) V_6 und V_7 e) V_6 und V_{15}

5. Bestimme drei gemeinsame Vielfache der beiden Zahlen. Gib jeweils das kgV an.

   a) 6 und 7   b) 10 und 12   c) 40 und 60   d) 16 und 20   e) 20 und 45
   4 und 20   8 und 14   6 und 15   15 und 12   18 und 12

6. Gib das kgV der beiden Zahlen an.

   a) 2 und 6   b) 6 und 15   c) 12 und 36   d) 20 und 30   e) 2, 3 und 5
   3 und 8   8 und 18   5 und 15   8 und 20   12, 15 und 16

7. Übertrage die Tabellen in dein Heft und trage das kgV ein.

a)
kgV	20	30	40	50	60	70	80
70							
80							
90							

b)
kgV	2	3	7	8	9	14	20
4							
7							
15							

8. Bestimme drei gemeinsame Vielfache. Gib jeweils das kgV an.

   a) 4, 6 und 15   b) 30, 20 und 12   c) 15, 18 und 45   d) 2, 3 und 5
   6, 8 und 18   12, 15 und 16   10, 12 und 16   15, 25 und 30
   8, 12 und 20   9, 15 und 24   3, 6 und 9   6, 8 und 24

Vermischte Übungen

1. Bestimme den größten gemeinsamen Teiler (ggT) von
   a) 8 und 14   b) 3 und 15   c) 7 und 9   d) 21 und 28   e) 7 und 27
      21 und 14   20 und 15   18 und 9   30 und 28   15 und 27

2. Bestimme das kleinste gemeinsame Vielfache (kgV) von
   a) 4 und 10   b) 5 und 11   c) 8 und 18   d) 20 und 25   e) 30 und 54
      12 und 10   22 und 11   20 und 18   15 und 25   45 und 54

3. Übertrage die Tabellen in dein Heft und ergänze die fehlenden Zahlen.

a)

	(2, 4)	(7, 9)	(3, 9)	(6, 8)
ggT				
kgV				

b)

	(5, 11)	(4, 14)	(6, 15)	(12, 20)
ggT				
kgV				

4. Frau Baum will zwei Holzleisten, die 60 cm und 150 cm lang sind, in gleich lange Stücke ohne Rest zersägen.
   a) Wie lang können die Stücke jeweils werden?
   b) Wie viele Stücke erhält sie, wenn sie das größtmögliche Maß wählt?

5. Tanja möchte ihre 20-DM-Scheine in 50-DM-Scheine umtauschen. Wieviel DM muß sie mindestens gespart haben? Wie viele 20-DM-Scheine sind das? Wie viele 50-DM-Scheine erhält sie?

6. a) Nach wieviel Minuten kommt die Linie 1, nach wieviel Minuten die Linie 2?

Linie 1 Altstadtmarkt	6.00	6.10	6.20	6.30
	6.40	6.50		
	7.00	7.10	7.20	7.30
	7.40	7.50		

Linie 2 Altstadtmarkt	6.00	6.15	6.30	6.45
	7.00	7.15	7.30	7.45
	8.00	8.15	8.30	8.45
	9.00	9.15	9.30	9.45

b) Nach wieviel Minuten fahren beide Linien wieder gleichzeitig ab?

7. Drehe eines der beiden Zahnräder in der angegebenen Richtung.
Wie oft müssen sich das kleine Zahnrad und das große Zahnrad drehen, damit die bezeichneten Zähne wieder zusammenstoßen?

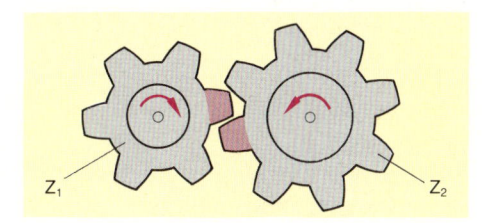

8. Suche die Zahlenpaare heraus, die den gleichen ggT haben. Du erhältst ein Lösungswort.

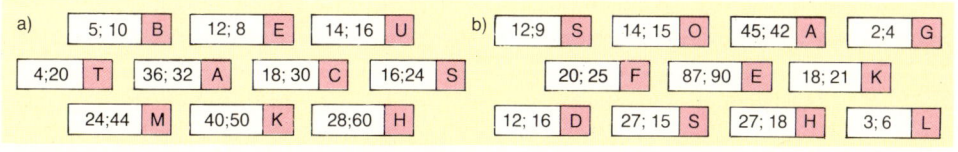

a)
5; 10	B	12; 8	E	14; 16	U
4; 20	T	36; 32	A	18; 30	C	16; 24	S
24; 44	M	40; 50	K	28; 60	H

b)
12; 9	S	14; 15	O	45; 42	A	2; 4	G
20; 25	F	87; 90	E	18; 21	K
12; 16	D	27; 15	S	27; 18	H	3; 6	L

9. Suche die Zahlenpaare heraus, die das gleiche kgV haben. Du erhältst ein Lösungswort.

a)
4; 6	P	3; 8	H	15; 12	S	12; 24	U	8; 12	N	16; 20	I	4; 9	F	25; 30	V
8; 12	C	6; 10	T	18; 10	W
6; 8	B	9; 12	M	21; 30	Z

b)
| 18; 4 | E | 20; 24 | S | 4; 6 | R |
| 12; 18 | H | 9; 18 | A | 9; 12 | T |

107

7.5 Primzahlen

1. a) Mit 12 Platten kann man verschiedene Rechteckmuster legen.
   Wie viele Möglichkeiten ergeben sich für 13 Platten?
   b) Kann man mit 17 (18, 19, 24, 31, 32) Platten verschiedene Rechteckmuster legen?
   c) Gib alle Plattenzahlen zwischen 1 und 20 an, mit denen man nur eine Reihe legen kann.

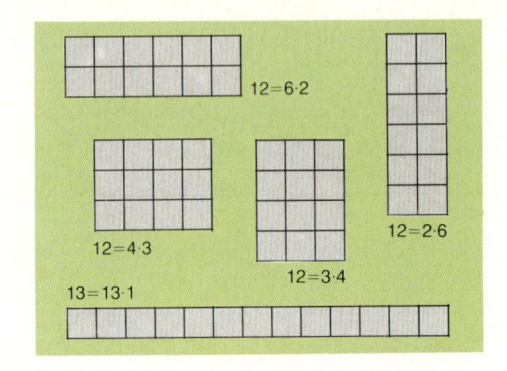

   $12 = 6 \cdot 2$
   $12 = 4 \cdot 3$
   $12 = 2 \cdot 6$
   $12 = 3 \cdot 4$
   $13 = 13 \cdot 1$

2. a) Schreibe die Teilermengen von T_1 bis T_{20} auf.
   b) Suche die Teilermengen mit zwei Elementen heraus. Vergleiche mit 1 c).

Primzahlen

> **Primzahlen** haben genau zwei Teiler.
> Das sind Primzahlen: 2, 3, 5, 7, 11, 13, 17, 19, ...

Übungen

3. Welche Zahlen sind Primzahlen?
   a) 21 31 51 71
   b) 23 33 43 53 63
   c) 17 27 37 47 57 67 77

4. Schreibe alle Primzahlen auf, die zwischen
   a) 20 und 30
   b) 30 und 40
   c) 40 und 50
   d) 50 und 60
   e) 60 und 100 liegen.

5. Suche die Primzahlen heraus. Du erhältst ein Lösungswort.

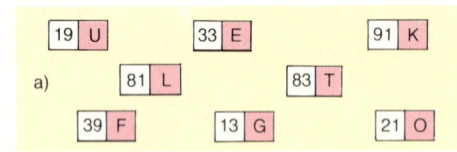

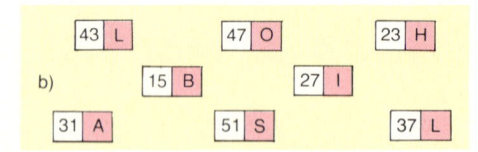

   a) 19 U   33 E   91 K   81 L   83 T   39 F   13 G   21 O
   b) 43 L   47 O   23 H   15 B   27 I   31 A   51 S   37 L

6. Welches ist die
   a) kleinste zweistellige
   b) kleinste dreistellige
   c) kleinste Primzahl?

7. Eratosthenes (275 bis 195 v. Chr.) hat so die Primzahlen gefunden (Sieb des Eratosthenes):
   Schreibe alle Zahlen von 2 bis 100 auf. 2 ist die erste Primzahl. Streiche nun alle Vielfachen von 2 durch. 3 ist die nächste Primzahl. Streiche nun alle Vielfachen von 3 durch. 5 ist die nächste Primzahl. Setze das Verfahren fort.

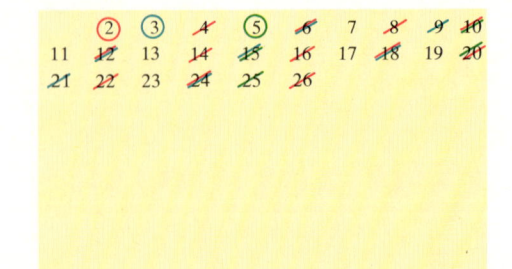

8. Schreibe alle Primzahlen bis 100 auf.

9. Primzahlen, die nur durch eine Zahl getrennt sind, z.B. 11 und 13 nennt man Primzahlzwillinge. Wieviel Primzahlzwillinge gibt es unter den ersten 100 natürlichen Zahlen?

7.6 Primfaktorzerlegung

1. Zerlege die Zahl 18 (21, 24, 27) in mehrere Faktoren. Gib verschiedene Möglichkeiten an.

So kannst du eine natürliche Zahl in Primfaktoren zerlegen:

Primfaktorzerlegung
Beispiel

```
60 = 6 · 10            60 = 5 · 12            60 = 2 · 30
60 = 2 · 3 · 10        60 = 5 · 3 · 4         60 = 2 · 2 · 15
60 = 2 · 3 · 2 · 5     60 = 5 · 3 · 2 · 2     60 = 2 · 2 · 3 · 5
60 = 2 · 2 · 3 · 5     60 = 2 · 2 · 3 · 5
```

Übungen

2. Zerlege die Zahlen in Primfaktoren. Beginne mit dem kleinsten Primfaktor.
   a) 12 20 30   b) 36 40 48   c) 21 42 63   d) 45 84 90

3. Zerlege die Zahlen in Primfaktoren.
   a) 8 16 32   b) 50 54 56   c) 64 72 80   d) 45 84 90

4. Welche Zahlen wurden in Primfaktoren zerlegt?
   a) ■ = 2 · 2 · 3 · 3   b) ■ = 2 · 5 · 7   c) ■ = 2 · 3 · 5 · 7   d) ■ = 2 · 3 · 7
   e) ■ = 2 · 5 · 13   f) ■ = 2 · 7 · 17   g) ■ = 2 · 3 · 5   h) ■ = 3 · 5 · 7

5. Welche Zahlen lassen sich nicht weiter zerlegen? Führe bei den anderen Zahlen die Zerlegung zu Ende.
   a) 32 = 2 · 2 · 2 · 2 · 2   b) 21 = 3 · 7   c) 24 = 2 · 3 · 4   d) 18 = 2 · 3 · 3
   e) 25 = 5 · 5   f) 27 = 3 · 9   g) 30 = 5 · 6   h) 40 = 4 · 2 · 5

6. Manche Zahlen bestehen nur aus gleichen Primfaktoren.
   Beispiel: 4 = 2 · 2; 16 = 2 · 2 · 2 · 2; 9 = 3 · 3; 125 = 5 · 5 · 5
   a) Schreibe fünf Zahlen auf, die nur aus den Primfaktoren 2 (3; 5) bestehen.
   b) Bilde fünf Zahlen aus den Primfaktoren 7 (11; 13).

7. a) Bilde zehn Zahlen, die nur aus den Primfaktoren 2 und 3 bestehen.
   b) Bilde fünf Zahlen, die nur aus den Primfaktoren 3 und 5 (2 und 7) bestehen.
   c) Bilde zehn Zahlen, die nur aus den Primfaktoren 2, 3 und 5 bestehen.

8. Bestimme die Teiler der Zahlen. Zerlege Zahl und Teiler in Primfaktoren. Was fällt dir auf?
   a) 12   b) 16   c) 18   d) 20   e) 24   f) 30   g) 32   h) 40   i) 42

9. Bestimme die Zahl. Bilde aus den Primfaktoren alle Teiler der Zahl.
   a) ■ = 2 · 2 · 3   b) ■ = 2 · 3 · 5   c) ■ = 3 · 3 · 5   d) ■ = 2 · 5 · 7
   e) ■ = 2 · 2 · 3 · 5   f) ■ = 2 · 3 · 3 · 5   g) ■ = 2 · 2 · 2 · 3 · 3   h) ■ = 2 · 2 · 3 · 3 · 3

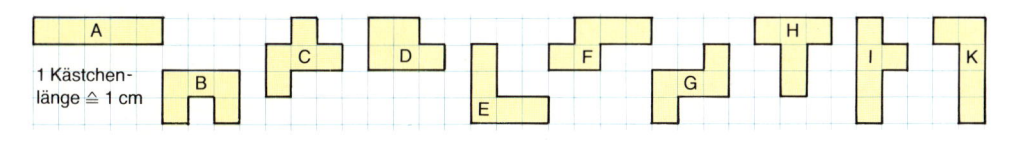

1 Kästchenlänge ≙ 1 cm

Übertrage die „Fünflinge" auf Karton und schneide sie aus. Lege jeweils vier zu einem Rechteck (5 cm lang, 4 cm breit) zusammen. Wie viele Möglichkeiten findest du?

Potenz-schreibweise

1. Zerlege die Zahl 36 (28, 32, 54) in Primfaktoren.

Die Zerlegung in Primfaktoren kann in der Potenzschreibweise kürzer geschrieben werden:

Beispiel

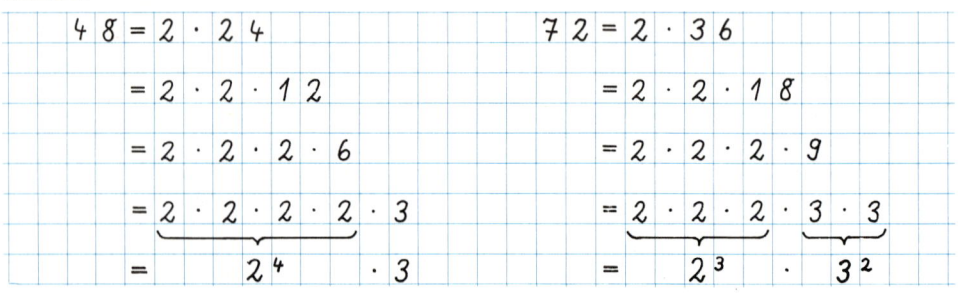

$$48 = 2 \cdot 24$$
$$= 2 \cdot 2 \cdot 12$$
$$= 2 \cdot 2 \cdot 2 \cdot 6$$
$$= \underbrace{2 \cdot 2 \cdot 2 \cdot 2}_{} \cdot 3$$
$$= 2^4 \cdot 3$$

$$72 = 2 \cdot 36$$
$$= 2 \cdot 2 \cdot 18$$
$$= 2 \cdot 2 \cdot 2 \cdot 9$$
$$= \underbrace{2 \cdot 2 \cdot 2}_{} \cdot \underbrace{3 \cdot 3}_{}$$
$$= 2^3 \cdot 3^2$$

Potenz Grundzahl Hochzahl

Gleiche Faktoren kann man zu einer **Potenz** zusammenfassen.

$2 \cdot 2 \cdot 2 \cdot 2 = 2^4$

lies: 2 hoch 4

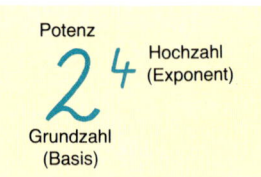

2^4 — Potenz, Hochzahl (Exponent), Grundzahl (Basis)

Übungen

2. Schreibe als Potenz.
a) $3 \cdot 3 \cdot 3 \cdot 3$ b) $5 \cdot 5$ c) $7 \cdot 7 \cdot 7 \cdot 7 \cdot 7$ d) $4 \cdot 4 \cdot 4$ e) $2 \cdot 2 \cdot 2 \cdot 2 \cdot 2 \cdot 2$
f) $3 \cdot 3$ g) $2 \cdot 2 \cdot 2$ h) $6 \cdot 6 \cdot 6 \cdot 6$ i) $10 \cdot 10 \cdot 10$ k) $9 \cdot 9 \cdot 9 \cdot 9$

3. Notiere die Zerlegung in der Potenzschreibweise und bestimme die Zahlen.
a) ▩ $= 2 \cdot 2 \cdot 3 \cdot 5$ b) ▩ $= 2 \cdot 3 \cdot 3 \cdot 3$ c) ▩ $= 2 \cdot 2 \cdot 3 \cdot 3$ d) ▩ $= 3 \cdot 3 \cdot 5$
e) ▩ $= 2 \cdot 2 \cdot 5 \cdot 5$ f) ▩ $= 2 \cdot 3 \cdot 3$ g) ▩ $= 2 \cdot 2 \cdot 2 \cdot 3$ h) ▩ $= 3 \cdot 5 \cdot 5$

4. Schreibe ausführlich und bestimme die Zahlen.
Beispiel: $2^3 \cdot 3^2 = 2 \cdot 2 \cdot 2 \cdot 3 \cdot 3 = 72$
a) $2^3 \cdot 5$ b) $3^2 \cdot 5$ c) $2^2 \cdot 3^2$ d) $2^2 \cdot 3 \cdot 5^2$ e) $3^2 \cdot 5^2$ f) $2 \cdot 3^2 \cdot 5$

5. Zerlege in Primfaktoren und notiere in der Potenzschreibweise.
a) 12   42   64   b) 32   16   8   c) 25   125   625   d) 9   27   81

Schlaue Gefangene können sich „freirechnen".

Es war einmal ein Herrscher, der hatte ein Gefängnis mit 60 Zellen. Die Zellen wurden von 60 Wärtern bewacht. Zu seinem Geburtstag entließ der Herrscher einen Teil der Gefangenen nach folgendem Verfahren: Die 60 Wärter gingen von Tür zu Tür und machten dort Kreuze. Der erste Wärter kreuzte dabei jede Tür an, der zweite Wärter jede zweite Tür, der dritte jede dritte Tür usw. Anschließend ließ man alle Gefangenen frei, an deren Tür sich genau zwei Kreuze befanden. Nun wurden die Kreuze gelöscht. Die übrigen Gefangenen durften sich eine neue Zelle aussuchen. Welche Zellennummern waren dabei besonders begehrt?

8 Gleichungen und Ungleichungen

8.1 Berechnen von Termen

1. Daniela bestellt für ihre Mitschüler bei einem Versand Karten von Pop-Stars.
   a) Tanja hat sieben Karten bestellt. Wieviel muß sie bezahlen? Schreibe einen Rechenausdruck (Term).
   b) Olaf muß zwölf Karten bezahlen.
   c) Daniela sammelt das Geld ein. Sie legt sich eine Tabelle an.
   Für die Anzahl wählt sie eine Variable x.
   Der Preis ist dann $1{,}50 \cdot x$.
   Setze Anzahlen ein und berechne die fehlenden Werte für 3, 4, 5, 6, 7, 8, 9, 10, 11 und 12 Karten.

Anzahl x	Term $1{,}50 \cdot x$	Preis der Karten
2	$1{,}50 \cdot 2$	3,00 DM
3	$1{,}50 \cdot 3$	
4		
⋮		

   > **Terme** sind Rechenausdrücke.
   >
   > Das sind Terme: $4 \cdot 8 \quad 5+3 \quad 12:4-4 \quad 3+x \quad y \cdot 3 \quad x:7$
   >
   > x und y sind **Variable** (Platzhalter). Wenn man sie durch Zahlen ersetzt, kann man den Wert des Terms berechnen.

   Term

   Variable

2. Manuela sammelt das Geld für eine Zirkusvorstellung ein. Eine Karte kostet 8,50 DM. Lege eine Tabelle an und berechne den Preis für 2, 3, 4, 5, 6, 7, 8 Karten.

   Übungen

3. Schreibe auf, welche Terme den gleichen Wert haben.

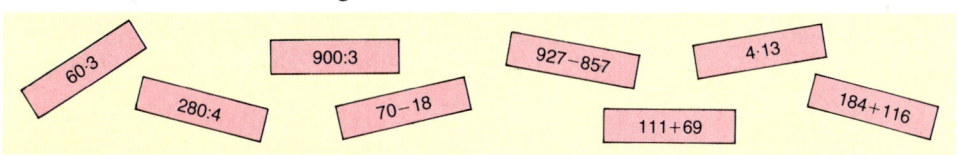

   $60 \cdot 3 \qquad 900:3 \qquad 927-857 \qquad 4 \cdot 13$
   $280:4 \qquad 70-18 \qquad 111+69 \qquad 184+116$

4. Berechne den Wert der Terme. Beachte: Punktrechnung vor Strichrechnung.
   a) $7 \cdot 8 + 4$ \quad b) $48:4-2$ \quad c) $7 \cdot 6 + 4 \cdot 8$ \quad d) $13 \cdot 5 + 3 \cdot 12$ \quad d) $7 \cdot 16 - 6 \cdot 17$
   $36 - 9 \cdot 3$ \quad $6 + 75:3$ \quad $9 \cdot 8 - 24:6$ \quad $4 \cdot 13 - 3 \cdot 14$ \quad $3 \cdot 19 + 3 \cdot 6$

5. Setze für die Variable die Zahlen 2 (3; 10; 25; 50) ein und berechne den Wert des Terms.
   Beachte: $5x = 5 \cdot x \quad y = 1 \cdot y$
   a) $1+x$ \quad b) $y \cdot 4$ \quad c) $99-x$ \quad d) $10 \cdot y$ \quad e) $3x - 1 \cdot x$ \quad f) $300:y+10$
   $x+100$ \quad $y \cdot y$ \quad $1 \cdot y - y$ \quad $6 \cdot x$ \quad $40 + 2y$ \quad $900:x-6$

6. Setze für die Variable die Zahl in der Klammer ein und berechne den Wert des Terms.
   a) $8+x$ (12) \quad b) $y-1$ (9) \quad c) $7 \cdot x$ (2) \quad d) $x:5$ (35) \quad e) $2 \cdot x + 2 \cdot x$ (7)
   $y+25$ (3) \quad $100-x$ (24) \quad $y \cdot 12$ (0) \quad $11x$ (11) \quad $4x$ (7)
   $y+y$ (20) \quad $y-y$ (4) \quad $10x$ (3) \quad $y:4$ (24) \quad $10x - 6 \cdot x$ (7)

7. Übertrage die Tabelle in dein Heft. Setze ein und berechne die Werte der Terme.

x	1·x	2x	x·4	x·x	0+x	x+8	9−x	4+5·x	3x+10
0									
1									
2									
3									
4									
5									

8. Ordne jedem Term den richtigen Satz zu.

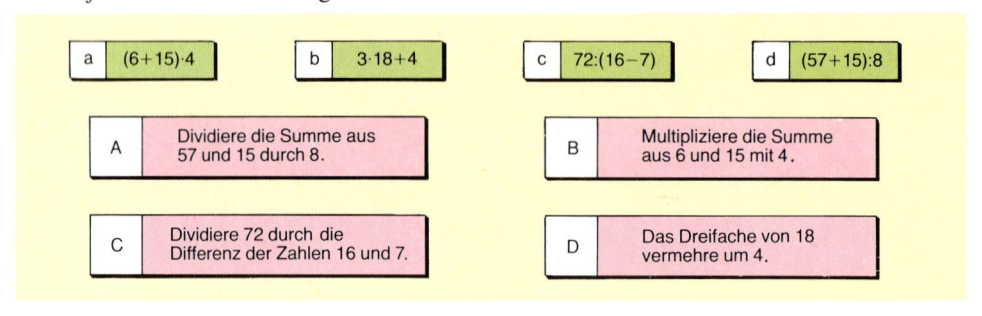

   a (6+15)·4   b 3·18+4   c 72:(16−7)   d (57+15):8

   A Dividiere die Summe aus 57 und 15 durch 8.
   B Multipliziere die Summe aus 6 und 15 mit 4.
   C Dividiere 72 durch die Differenz der Zahlen 16 und 7.
   D Das Dreifache von 18 vermehre um 4.

9. Drücke in Worten aus.
   a) 56−39   b) (4+81)·3   c) 144:(7+5)   d) (2·3)·(4·5)   e) 100−3·6

10. Schreibe als Term und berechne.
    a) Das Doppelte von 15.
    b) Die Hälfte von 500.
    c) 86 vermehrt um 14.
    d) 91 vermindert um 27.
    e) Das 3fache von 29 vermehrt um 6.
    f) Das 4fache von 17 vermindert um 18.
    g) Das Produkt aus 12 und 13.
    h) Die Summe aus 15, 26, 37 und 48.

11. Ordne jedem Term den richtigen Satz zu.

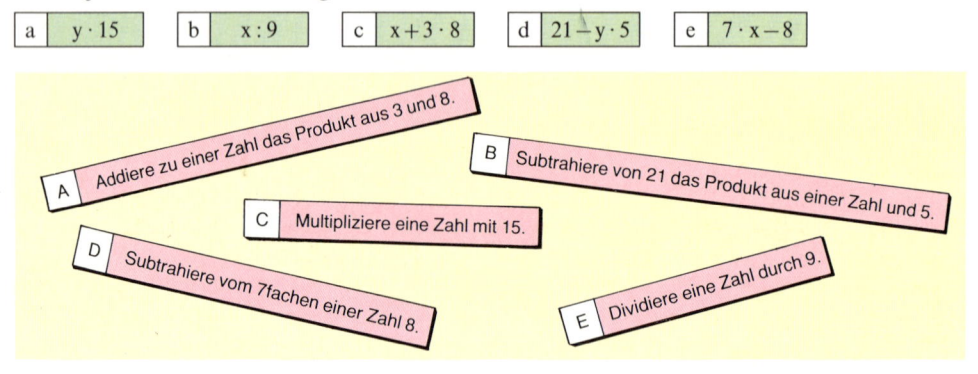

    a y·15   b x:9   c x+3·8   d 21−y·5   e 7·x−8

    A Addiere zu einer Zahl das Produkt aus 3 und 8.
    B Subtrahiere von 21 das Produkt aus einer Zahl und 5.
    C Multipliziere eine Zahl mit 15.
    D Subtrahiere vom 7fachen einer Zahl 8.
    E Dividiere eine Zahl durch 9.

12. Drücke in Worten aus.
    a) 10·y   b) x:4   c) x−55   d) 25·y+2   e) x+3·x

13. Schreibe einen Term mit Variable.
    Setze für die Variable nacheinander 1; 2; 3; 4 ein und berechne den Wert des Terms.
    a) Das 6fache einer Zahl.
    b) 60 geteilt durch eine Zahl.
    c) Eine Zahl vermehrt um 40.
    d) Eine Zahl vermindert um 0.
    e) Das Doppelte einer Zahl vermehrt um 1.
    f) 12 geteilt durch eine Zahl vermehrt um 100.

8.2 Aussagen und Aussageformen

Aussagen

	KL	KO	LU	MZ	TR
Kaiserslautern	–	175	50	80	125
Koblenz	175	–	140	95	125
Ludwigshafen	50	140	–	50	175
Mainz	80	95	50	–	160
Trier	125	125	175	160	–

In der Tabelle sind die Straßenkilometer zwischen den Städten angegeben.

1. Untersuche, ob die Sätze wahr oder falsch sind.
   a) Von Ludwigshafen nach Koblenz ist es genauso weit wie von Mainz nach Trier.
   b) Von Mainz nach Ludwigshafen ist es nicht so weit wie von Mainz nach Koblenz.
   c) Von Koblenz nach Kaiserslautern ist es doppelt so weit wie von Mainz nach Kaiserslautern.
   d) Das Kfz-Kennzeichen von Kaiserslautern ist KL.
   e) Wo liegt Mainz?
   f) Besucht diese schönen Städte in Rheinland-Pfalz!

2. Bilde mit Hilfe der Entfernungstabelle drei Sätze, die wahr oder falsch sind.

3. Entscheide, ob die folgenden Sätze wahre oder falsche Aussagen sind.
   a) 1000 ist durch 8 teilbar.   b) Der Vorgänger von 500 000 ist 499 000.
   c) Zwölf ist größer als 20.   d) $50 < 60$.
   e) Vier mal vier gleich sechzehn.   f) $37 \cdot 3 = 121$.

> Eine **Aussage** ist ein Satz, der entweder wahr oder falsch ist.

Aussage

Beispiele: $6 \cdot 9 = 54 \; (w)$ Dies ist eine wahre Aussage.

$6 \cdot 9 = 56 \; (f)$ Dies ist eine falsche Aussage.

$6 \cdot 9$ Dies ist keine Aussage.

4. Suche aus den folgenden Sätzen die Aussagen heraus.

Übungen

   a) Denke und rechne!   b) 550 ist eine ungerade Zahl.
   c) Eine Billion hat zwölf Nullen.   d) Wie viele Nullen hat eine Million?
   e) 1000 ist größer als 800.   f) Der Februar hat 30 Tage.

5. Entscheide, welche Aussagen wahr oder falsch sind.
   a) $7 \cdot 8 = 54$ b) $66 \cdot 5 = 55 \cdot 6$ c) $86 + 74 = 180$ d) $65 + 34 = 56 + 43$
      $3 + 9 = 11$ $53 + 91 = 9 \cdot 16$ $43 - 19 + 37 - 8 = 55$ $17 \cdot 9 = 19 \cdot 7$
      $200 < 12 \cdot 20$ $56 : 7 > 3 \cdot 3$ $26 - (12 - 8) < 10$ $97 - 43 < 79 - 34$

6. Setze $<, >, =$ ein, so daß wahre Aussagen entstehen.
   a) $17 + 4 \; \blacksquare \; 25 - 4$ b) $50 \; \blacksquare \; 5 \cdot 4 \cdot 3$ c) $77 + 77 \; \blacksquare \; 144$ d) $9 + 9 + 9 \; \blacksquare \; 3 \cdot 3 \cdot 3$

7. Entscheide, welche Aussagen wahr oder falsch sind.
   a) $4 \cdot 6 > 28 - 4$ b) $54 : 6 < 5 + 5$ c) $1000 : 10 > 9 \cdot 11$ d) $2 \cdot 2 \cdot 2 < 8$

Aussage-
formen

1. Setze ein, so daß wahre Aussagen entstehen.
   a) Mainz ist von Ludwigshafen so weit entfernt wie Kaiserslautern von x.
   b) Mainz ist von Trier 65 km weiter entfernt als von x.
   c) Die Entfernung von Trier nach Mainz ist doppelt so groß wie die Entfernung von Kaiserslautern nach y.
   d) Die Stadt x liegt in Rheinland-Pfalz.
   e) TR ist das Kfz-Kennzeichen der Stadt y.

Aussageform
Gleichung
Ungleichung

> Eine **Aussageform** ist ein Satz mit einer Variablen.
> Diese Aussageformen sind Gleichungen: $\quad 7 \cdot x = 42 \quad 4 + y = 10$
> Diese Aussageformen sind Ungleichungen: $\quad 7 \cdot x < 50 \quad 4 + y > 10$

2. Ersetze die Variablen so, daß wahre Aussagen entstehen.
   a) y ist eine gerade Zahl.   b) 37 ist größer als x.
   c) $45 + x = 80$ d) $y : 2 = 9$ e) $x \cdot 8 = 72$ f) $37 = 90 - y$
   g) $4 + y < 9$ h) $x \cdot 3 < 25$ i) $58 - x > 50$ k) $y - 8 < 5$

> Aus einer Gleichung oder einer Ungleichung entsteht eine Aussage, wenn man die Variable ersetzt.
>
> | Gleichung | | Ungleichung | |
> |---|---|---|---|
> | $3 + x = 9$ | $3 + 6 = 9$ wahr | $y - 5 < 7$ | $10 - 5 < 7$ wahr |
> | | $3 + 4 = 9$ falsch | | $15 - 5 < 7$ falsch |

Übungen

3. Ersetze die Variablen so, daß wahre Aussagen entstehen.
   a) $12 \cdot x = 108$ b) $15 \cdot y < 60$ c) $4 \cdot 15 = 25 + x$ d) $7 \cdot 3 < 5 \cdot y$
   $y - 17 = 13$ $y - 19 > 20$ $20 \cdot x = 16 \cdot 5$ $12 \cdot x > 4 \cdot 9$
   $85 : 17 = y$ $144 : 12 > x$ $y : 7 = 3 \cdot 3$ $x + 3 < 2 \cdot 4$

4. Ersetze in den folgenden Aussageformen die Variable so, daß du einmal eine wahre und einmal eine falsche Aussage erhältst.
   a) Die kleinste natürliche Zahl ist y.   b) Eine Million hat x Nullen.
   c) 25 ist kleiner als x.   d) y ist der Vorgänger von 1 Milliarde.
   e) $45 + x = 80$ f) $y - 28 = 60$ g) $y \cdot 7 = 63$ h) $16 : x = 2$
   i) $18 > y - 5$ k) $y + 18 < 39$ l) $3x > 7$ m) $80 < 16 \cdot y$

5. Schreibe als Gleichung mit der Variablen x und bestimme x.
   Beispiel: Das Doppelte einer Zahl ist 26.
   $\qquad 2 \cdot x = 26$
   $\qquad x = 13$
   a) Das Doppelte einer Zahl ist 4.   b) Das Dreifache einer Zahl ist 999.
   c) Die Hälfte einer Zahl ist 1.   d) Eine Zahl geteilt durch 3 ergibt 5.
   e) Vermindere eine Zahl um 27, du erhältst 58.   f) 36 vermindert um eine Zahl ergibt 19.

6. Drücke in Worten aus. Ersetze die Variable so, daß eine wahre Aussage entsteht.
   a) $7 \cdot y = 49$ b) $97 - x = 66$ c) $y + 65 = 125$ d) $x : 4 = 17$

Gleichung: $8 \cdot x - 4 = 20$　　　　Ungleichung: $7 \cdot y + 5 < 40$　　　*Beispiele*

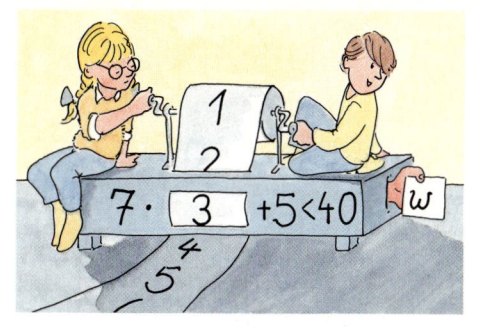

1. Setze in die Gleichung und in die Ungleichung nacheinander die natürlichen Zahlen ein, die auf dem Zahlenstreifen stehen. Für welche Einsetzungen ist die Aussage wahr? Fasse diese Zahlen zu einer Lösung zusammen.

> Alle Einsetzungen, die zu einer wahren Aussage führen, bilden die Lösungsmenge L.

Lösungsmenge

Beispiel 1:　　　　　　　Beispiel 2:　　　　　　　Beispiel 3:
Gleichung　　　　　　　Ungleichung　　　　　　Gleichung
$18 + y = 21$　　　　　　$7 \cdot x > 10$　　　　　　$45 + x = 37$

$18 + 0 = 21$　(f)　　　　$7 \cdot 0 > 10$　(f)
$18 + 1 = 21$　(f)　　　　$7 \cdot 1 > 10$　(f)　　　Hier gibt es keine natürliche
$18 + 2 = 21$　(f)　　　　$7 \cdot 2 > 10$　(w)　　　Zahl, die zu einer wahren
$18 + 3 = 21$　(w)　　　　$7 \cdot 3 > 10$　(w)　　　Aussage führt.
$18 + 4 = 21$　(f)　　　　$7 \cdot 4 > 10$　(w)

　　　　　　　　　　　　　　　　　　　　　　　　Lösung:　L = { }
Lösung:　L = {3}　　　　Lösung:　L = {2, 3, 4, ...}　　*lies:* leere Menge

2. Setze nacheinander Zahlen ein und schreibe die Lösungsmenge auf.　　*Übungen*

a) $x < 5$　　　　b) $x + 2 = 8$　　　c) $3 \cdot y = 18$　　d) $6 \cdot y > 20$　　e) $6 < 3 + x$
　 $y > 30$　　　　　 $15 - y = 3$　　　　 $x \cdot 4 = 28$　　　 $y \cdot 8 < 35$　　　 $5 \cdot x + 2 < 35$
　 $4 < x$　　　　　 $y + 8 = 10$　　　　 $5 \cdot x = 5$　　　　 $x \cdot 3 < 10$　　　 $7 \cdot y - 2 = 40$

3. Bestimme die Lösung der Gleichung.

a) $x + 4 = 12$　　　b) $7 \cdot x = 49$　　　c) $4 \cdot x + 3 = 11$　　d) $15 + 2 \cdot x = 31$
　 $15 + y = 31$　　　 $y \cdot 8 = 40$　　　　 $8 + 3 \cdot x = 20$　　　 $49 = 4 \cdot y - 15$
　 $y - 7 = 6$　　　　 $x : 9 = 8$　　　　　 $y \cdot 6 - 5 = 37$　　　 $8 \cdot x - 17 = 55$
　 $9 - x = 12$　　　　 $y : 7 = 1$　　　　　 $10 - 3 \cdot y = 4$　　　 $5 - 15 \cdot y = 5$

4. Bestimme die Lösung der Ungleichung.

a) $3 + y < 10$　　　b) $8 \cdot y > 40$　　　c) $2 \cdot x + 4 < 13$　　d) $60 > 25 \cdot x + 5$
　 $x + 2 > 8$　　　　 $y \cdot 2 < 7$　　　　 $5 + y \cdot 8 > 25$　　　 $20 < y \cdot 3 + 4$
　 $15 - y > 12$　　　 $7 - x > 2$　　　　　 $x \cdot 4 + 6 < 16$　　　 $11 + 6 \cdot y < 50$
　 $36 - x > 30$　　　 $y + 6 < 15$　　　　 $50 + 9 \cdot y > 60$　　　 $7 \cdot x + 0 < 30$

Grundmenge
Lösungs-
menge

1. Welche Dreierzahl gewinnt?
In dem Zylinder befinden sich zehn Zahlenkärtchen.
Jede Karte, die die Ungleichung erfüllt, hat gewonnen.
Schreibe die Lösungsmenge auf.

Übungen

2. Setze die Zahlen 2, 4, 6, 8, 10 nacheinander in die folgenden Aussageformen ein und gib die Lösungsmenge an.

   a) $7 \cdot x < 40$ b) $17 + y < 22$ c) $12 + y = 19$ d) $25 = 17 + x$
   e) $y + 9 = 14$ f) $18 - x < 13$ g) $y + 11 > 13$ h) $16 - x < 8$

3. Setze in die Aussageformen zuerst die Zahlen 1, 2, 3, 4, 5, ..., 19, 20 ein, danach die Zahlen 3, 6, 9, 12, 15, 18. Vergleiche die Lösungsmengen.

   a) $5 + y < 20$ b) $3 \cdot x > 20$ c) $24 - x > 10$ d) $2 \cdot x + 5 > 9$
   $5 + y = 20$ $3 \cdot x = 20$ $24 - x = 10$ $2 \cdot x + 5 = 9$

4. Gib die Lösungsmenge an. Setze nacheinander die angegebenen Zahlen ein (Grundmenge).

Gleichung/Ungleichung	1. Grundmenge	2. Grundmenge	3. Grundmenge
a) $12 \cdot x = 96$	4, 8, 12, ...	3, 6, 9, ...	5, 10, 15, ...
b) $4 \cdot x - 5 < 50$	1, 2, 3, ..., 8	5, 10, 15	2, 4, 6, 8
c) $6 \cdot y + 9 = 45$	1, 2, 3, ..., 10	2, 4, 6, 8, 10	0, 1, 2, 3
d) $40 < 2 \cdot x + 15$	4, 8, 12, ...	0, 1, 2, 3, ..., 10	10, 20, 30, ...
e) $60 - 3 \cdot x > 20$	2, 4, 6, ..., 18	3, 6, 9, ..., 18	1, 3, 5, ...

5. *Wenn Du mein Alter mit 3 multiplizierst und noch 7 addierst, so erhältst Du 40.*

   Anzahl der Jahre: x
   mit 3 multipliziert: $x \cdot 3$
   dazu 7 addiert: $x \cdot 3 + 7$
   Gleichung: $x \cdot 3 + 7 = 40$
   Löse die Gleichung.

6. Angelika will ihr Gewicht nicht verraten. Sie sagt: „*Wenn du zu meinem doppelten Gewicht 8 kg addierst, erhältst du 90 kg.*"

7. Thomas sägt von einer 5 m langen Latte sechs gleich lange Stücke ab. Es bleibt ein Rest von 140 cm Länge übrig. Welche Länge hat ein abgesägtes Stück?

8. Schreibe als Gleichung und bestimme die Lösungsmenge.
   a) Multipliziere eine Zahl mit 4. Addiere zu dem Produkt 2. Du erhältst 30.
   b) Multipliziere eine Zahl mit 6. Subtrahiere von dem Produkt 8. Du erhältst 22.
   c) Dividiere eine Zahl durch 3. Addiere zu dem Quotienten 5. Du erhältst 17.
   d) Dividiere eine Zahl durch 8. Subtrahiere von dem Quotienten 7. Du erhältst 0.

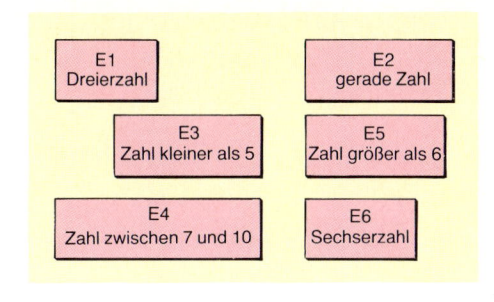

Zwei Ungleichungen

Verknüpfung mit „und"

E1 Dreierzahl	E2 gerade Zahl
E3 Zahl kleiner als 5	E5 Zahl größer als 6
E4 Zahl zwischen 7 und 10	E6 Sechserzahl

Annika und Frank würfeln mit zwei Würfeln.
Der erste würfelt und addiert seine Augenzahlen. Nun zieht er zwei Ereigniskarten und überprüft, ob seine Zahl die Ereigniskarten erfüllt. Erfüllt die Zahl die erste und die zweite Bedingung, so erhält der Spieler einen Punkt.

Annika

1. Würfel	2. Würfel	Zahl	1. Karte	2. Karte
 ⚀	 ⚂	4	E2	E3

Lösung als Mengenbild

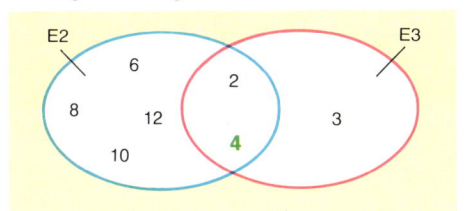

Lösung am Zahlenstrahl
E2   Gerade Zahl

E3   Zahl kleiner als 5

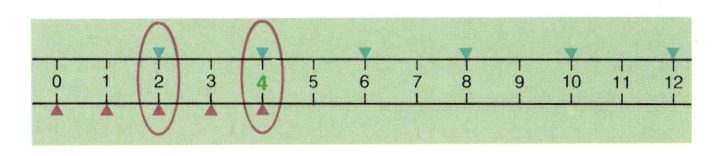

Annika erhält einen Punkt, da ihre Zahl beide Bedingungen erfüllt.

1. Überprüfe, ob Frank ebenfalls einen Punkt erhält. Zeichne ein Mengenbild und bestimme die Lösung am Zahlenstrahl.

1. Würfel	2. Würfel	Zahl	1. Karte	2. Karte
 ⚄	 ⚃	9	E1	E2

2. Setze die Zahlen 2, 3, 4, 5, …, 11, 12 ein. Welche Zahlen gewinnen?

a) E1 **und** E5   b) E2 **und** E4   c) E6 **und** E3   d) E3 **und** E4

> Werden zwei Aussageformen durch „und" verbunden, so entsteht wieder eine Aussageform. Ihre Lösung ist die **Schnittmenge** der beiden Lösungsmengen.

Schnittmenge

Beispiel

Welche natürlichen Zahlen erfüllen

$x > 6$ **und** $2 \cdot x < 20$?

$x > 6$ $L_1 = \{7, 8, 9, …\}$

$2 \cdot x < 20$ $L_2 = \{0, 1, 2, 3, 4, 5, 6, 7, 8, 9\}$

Lösung von $x > 6$ **und** $2 \cdot x < 20$

$L = \{7, 8, 9\}$ $L = L_1 \cap L_2$ (*lies:* L_1 geschnitten L_2)

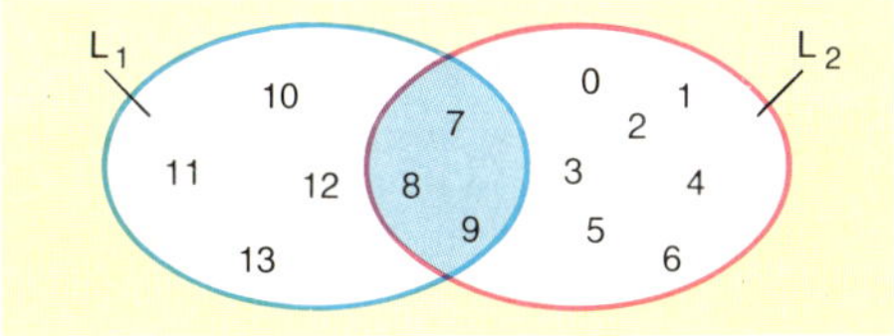

3. Bestimme die Lösungsmenge der Aussageformen. Zeichne ein Mengenbild.

a) $x < 5$ **und** $x > 2$ b) $5 > x$ **und** $2 > x$
c) $y \cdot 2 > 8$ **und** $y \cdot 3 < 20$ d) $3a < 10$ **und** $4a > 10$

117

8.3 Übungen zur Wiederholung

1. Berechne den Wert der Terme.

a) $30 \cdot 16$	b) $7 \cdot 12 + 5$	c) $9 + 3 \cdot 6$	d) $84 : 6 + 37$
$85 \cdot 85$	$18 \cdot 18 - 7$	$75 - 4 \cdot 9$	$100 - 144 : 16$
$12 \cdot 40$	$20 \cdot 20 - 82$	$9 + 15 \cdot 7$	$63 - 135 : 9$

Summe der Lösungen: 8185, 724, 180, 190

2. Setze in den Term für die Variable die Zahlen 1 (2; 4; 8; 10) ein und berechne den Wert des Terms.

a) $8 \cdot x$	b) $360 + x$	c) $x - 0$	d) $76 + x$	e) $70x - 65$
$y \cdot 33$	$4840 : y$	$10000 - y$	$y + 199$	$x \cdot 25 - 8 \cdot 0$
$125x$	$1000 - y$	$x - 1$	$y + 7654$	$12 \cdot 13 - 10y$

3. Schreibe als Term und berechne.
 a) Das Doppelte von 41. b) Das Dreifache von 37. c) Die Hälfte von 16.
 d) Ein Drittel von 120. e) 58 vermehrt um 86. f) 935 vermindert um 59.
Summe der Lösungen: 1261

4. Setze <, >, = ein, so daß wahre Aussagen entstehen.

a) $8 + 9 \:\blacksquare\: 22 - 4$	b) $2 \cdot 3 \cdot 4 \:\blacksquare\: 30$	c) $12 \cdot 12 \:\blacksquare\: 104$	d) $6 \cdot 6 \cdot 6 \:\blacksquare\: 60 + 60$
$85 - 26 \:\blacksquare\: 22 + 39$	$700 \:\blacksquare\: 8 \cdot 9 \cdot 10$	$450 \:\blacksquare\: 25 \cdot 25$	$5 + 5 + 5 \:\blacksquare\: 4 \cdot 4$

5. Bestimme die Lösung der Gleichung.

a) $x + 58 = 82$	b) $7 \cdot x = 35$	c) $28 = 93 - y$	d) $70 = 87 - x$
$91 = 75 + y$	$y \cdot 18 = 18$	$18 = 25 - x$	$16 = x - 36$
$x + 27 = 63$	$171 = 19 \cdot y$	$y - 26 = 11$	$59 + y = 59$

Summe der Lösungen: 76, 15, 109, 69

6. Bestimme die Lösung der Ungleichung.

a) $y + 8 < 15$	b) $x - 18 > 22$	c) $25 > 3 \cdot x$	d) $30 > 8 + 15 \cdot x$
$50 < 27 + y$	$45 > 45 - x$	$x \cdot 8 > 56$	$16 \cdot y - 25 < 10$
$100 > x + 72$	$99 - y > 90$	$7 \cdot y < 7$	$100 < y \cdot 7 + 30$

7. Gib die Lösungsmenge an. Setze nacheinander die angegebenen Zahlen ein.

	Gleichung/Ungleichung	1. Grundmenge	2. Grundmenge	3. Grundmenge
a)	$6 \cdot x - 9 = 38$	2, 4, 6, ..., 20	5, 10, 15, 20	10, 20, 30
b)	$28 + 4y > 36$	1, 2, 3, 4, 5	3, 6, 9	0, 2, 4
c)	$210 + 13 \cdot y = 275$	0, 1, 2, 3, 4, 5	2, 4, 6	5, 10, 15
d)	$20x - 35 > 200$	3, 6, 9, 12, 15	2, 4, 6, 8, 10, 12	4, 8, 12, 16

8. Schreibe als Gleichung und bestimme die Lösungsmenge.
 a) Multipliziere eine Zahl mit 7. Addiere zu dem Produkt 4. Du erhältst 60.
 b) Multipliziere eine Zahl mit 9. Subtrahiere von dem Produkt 14. Du erhältst 85.
 c) Dividiere eine Zahl durch 6. Subtrahiere von dem Quotienten 3. Du erhältst 5.
 d) Dividiere eine Zahl durch 7. Addiere zu dem Quotienten 2. Du erhältst 6.

Summe der Lösungen von a und b: 19   von c und d: 76

9 Grundwissen

9.1 Rechnen mit natürlichen Zahlen

Addieren
Subtrahieren

1. Rechne im Kopf.
   - a) $43 + 24$
     $29 + 65$
     $77 + 33$
     $180 + 75$
   - b) $78 + 14$
     $85 + 53$
     $156 + 89$
     $305 + 99$
   - c) $50 - 29$
     $76 - 48$
     $98 - 66$
     $140 - 27$
   - d) $120 - 36$
     $320 - 24$
     $200 - 84$
     $560 - 180$

2. a) $42 + 25 + 11 + 23$
     $36 + 9 + 27 + 50 + 12$
     $74 + 15 + 80 - 26 - 32$
   b) $100 - 16 - 42 - 8$
     $250 - 35 - 40 - 71 - 7$
     $600 - 125 + 26 - 202 - 299$

3. Ergänze zum nächsten Hunderter.
   - a) 86   27   274   119   742
   - b) 438   706   933   481   909
   - c) 1575   2428   882   5034   3919
   - d) 12 537   45 312   7921   70 066   91 959

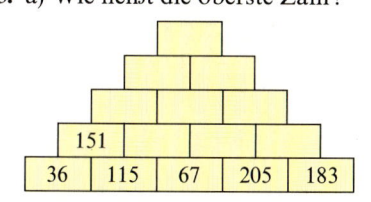

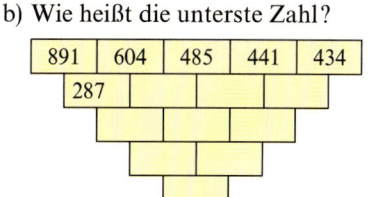

4. Ergänze zum nächsten Tausender.
   - a) 475   885   2750   6621   9405
   - b) 235 720   405 645   72 020   99 015

5. a) Wie heißt die oberste Zahl?

	151			
36	115	67	205	183

   b) Wie heißt die unterste Zahl?

891	604	485	441	434
287				

6. Rechne vorteilhaft.
   - a) $24 + 75 + 76 + 25$
     $92 + 66 + 33 + 108$
     $126 - 62 + 44 - 38$
     $800 - 340 + 140 + 400$
   - b) $135 + 73 + 27 + 55$
     $450 + 45 + 240 + 60$
     $620 - 93 - 47 - 80$
     $70 + 880 - 480 + 130$

7. Ersetze den Platzhalter.
   - a) $45 + \blacksquare = 70$
     $38 + \blacksquare = 92$
   - b) $80 - \blacksquare = 55$
     $120 - \blacksquare = 84$
   - c) $\blacksquare + 72 = 105$
     $\blacksquare + 56 = 212$
   - d) $\blacksquare - 12 = 65$
     $\blacksquare - 86 = 144$

8. Rechne in deinem Heft.
   - a) $738 + 461$
   - b) $2409 + 835$
   - c) $43\,829 + 370\,113$
   - d) $667\,809 + 35\,493$

9. a) $6542 + 10\,662 + 645 + 45\,098$
   b) $83\,512 + 7834 + 38\,077 + 9637$
   c) $74\,592 + 695 + 100\,463 + 8955$
   d) $823 + 318\,750 + 7482 + 841\,745$

10. Schreibe untereinander und addiere.

 a) $5427 + 872 + 3014 + 138$ b) $65721 + 805 + 12734 + 956$

 c) $734605 + 86817 + 391 + 203728$ d) $7491 + 83612 + 127400 + 9002$

11. a) $687 - 325$ b) $12428 - 7536$ c) $41072 - 39416$ d) $651007 - 83251$ e) $206300 - 198077$ f) $987531 - 978513$

12. Schreibe untereinander und subtrahiere.

 a) $6724 - 872$ b) $10573 - 968$ c) $34170 - 18512$ d) $921538 - 70073$

 e) $50731 - 946$ f) $837503 - 37623$ g) $60004 - 59898$ h) $876543 - 776544$

13. Berechne die Summe und die Differenz von

 a) 34782 und 26198 b) 628507 und 614044 c) 1463007 und 860348
  76094 und 67138 804157 und 80466 5000413 und 413652
  58031 und 7753 306070 und 98540 3772085 und 1905093

14. Die Spedition Bauer hat sechs Lastzüge. Für jeden Lastzug werden täglich die gefahrenen Kilometer aufgeschrieben.
a) Wieviel Kilometer ist jeder Lastzug in der Woche gefahren?
b) Wieviel Kilometer sind die Lastzüge am Montag, Dienstag, ... gefahren? Kontrolliere!

	Mo	Di	Mi	Do	Fr
Lastzug 1	625	408	215	737	391
Lastzug 2	78	513	830	205	0
Lastzug 3	548	361	714	131	802
Lastzug 4	737	283	661	541	329
Lastzug 5	0	473	279	650	813
Lastzug 6	352	780	261	528	63

15. Familie Kolbe fährt in den Urlaub. Der Ferienort ist 1240 km von ihrem Wohnort entfernt. Am ersten Tag fahren sie 758 km. Welche Strecke müssen sie noch fahren?

16. Ein Fährschiff hat Platz für 1800 Personen. Zu Beginn der Fahrt steigen 837 Fahrgäste ein. Beim nächsten Halt steigen 317 Personen aus und 694 Personen zu. Wie viele Plätze sind noch frei?

17. Der Bau eines 3480 m langen Tunnels wird von beiden Seiten aus vorangetrieben. Die eine Gruppe hat 1295 m geschafft, die andere Gruppe nur 860 m. Welchen Abstand haben die beiden Gruppen voneinander?

18. Der Sportverein sammelt mit zwei Lastwagen Altpapier. Der erste Lastwagen wiegt beladen 3285 kg und leer 1640 kg, der andere Lastwagen steht gerade auf der Waage. Wieviel wiegt das gesammelte Papier?

(Schnick & Co Schnick Schnack; 4832 kg; 1960 kg Leergewicht)

19. Ergänze in deinem Heft zu Zauberquadraten.

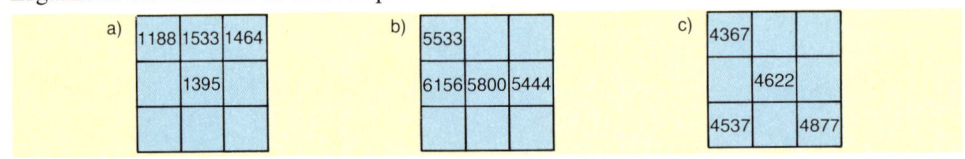

a)
1188	1533	1464
	1395	

b)
5533		
6156	5800	5444

c)
4367		
	4622	
4537		4877

**Multiplizieren
Dividieren**

20. Rechne im Kopf.

a) 6 · 7	b) 8 · 6	c) 9 · 7	d) 60 · 800	e) 40 · 900	f) 240 · 30
60 · 7	80 · 6	90 · 70	700 · 400	30 · 120	250 · 40
600 · 7	800 · 6	900 · 700	6000 · 80	600 · 150	600 · 900

21.
a) 90 · 12	b) 70 · 15	c) 40 · 25	d) 450 : 9	e) 640 : 8	f) 450 : 5
60 · 12	900 · 15	60 · 25	270 : 9	480 : 8	350 : 5
50 · 12	40 · 150	90 · 250	540 : 9	720 : 8	650 : 5

22.
a) 68 · 47	b) 59 · 43	c) 245 · 43	d) 307 · 68	e) 206 · 107	f) 603 · 60
79 · 83	86 · 72	683 · 82	609 · 53	308 · 209	740 · 35
56 · 83	25 · 85	964 · 37	407 · 36	604 · 208	870 · 47

23. Setze in die Zahlenschlange als Eingabe nacheinander die Zahlen 35 (77, 68, 89, 125, 218, 375) ein. Wenn du alle Rechnungen richtig ausgeführt hast, erhältst du als Ausgabe die gleiche Zahl zurück.

24. Rechne möglichst mit einem Rechenvorteil.

a) 5 · 7 · 12	b) 12 · 6 · 25	c) 14 · 9 · 50	d) 35 · 7 · 20
5 · 9 · 16	8 · 25 · 7	16 · 8 · 50	17 · 15 · 20
5 · 8 · 18	25 · 9 · 16	50 · 12 · 11	9 · 20 · 35

25.
a) 462 · 32	b) 206 · 67	c) 733 · 72	d) 704 · 87
574 · 26	749 · 75	834 · 16	140 · 73
154 · 84	434 · 85	857 · 17	607 · 92

26.

					a)	b)	c)	d)	e)
503	709	460	803	·	6043	930	874	3069	1703

27.
a) 252 : 7	b) 581 : 7	c) 666 : 9	d) 1830 : 6
3520 : 5	2427 : 3	2028 : 4	1281 : 7
1482 : 6	4020 : 5	552 : 8	2736 : 9

28.
a) 2050 : 41	b) 2205 : 45	c) 1330 : 38	d) 1665 : 37
1363 : 29	1536 : 32	1258 : 37	1560 : 39
1394 : 41	4698 : 54	5293 : 79	4731 : 57

29. a) | 15120 | : | 48 | 72 | 45 | 63 | b) | 20475 | : | 35 | 91 | 63 | 75 |

c) | 209440 | : | 44 | 55 | 77 | 88 | d) | 157080 | : | 102 | 119 | 120 | 140 |

30. Zu einem Fußballspiel waren 37 Busse angereist. In jedem Bus waren alle 53 Sitzplätze besetzt. Wie viele Zuschauer kamen mit dem Bus?

31. Eine Abfüllmaschine füllt in einer Stunde 2800 Flaschen Mineralwasser ab. Wie viele Kästen mit je 20 Flaschen können an einem achtstündigen Arbeitstag gefüllt werden?

32. Auf einer Palette liegen 6 Schichten mit Formsteinen. Jede Schicht enthält 5 Reihen mit je 8 Steinen.
a) Wie viele Steine enthält eine Palette?
b) Für eine Fußgängerzone werden 12000 Formsteine veranschlagt. Wie viele Paletten müssen geliefert werden?

33. Für eine Lieferung von 75 Rollschuhpaaren zahlt ein Sportgeschäft 2100 DM. Wieviel DM kostet ein Paar Rollschuhe im Einkauf?

34. a) Multipliziere die Summe von 1509 und 1495 mit 204.
b) Dividiere 83007 durch die Differenz von 890 und 489.
c) Multipliziere den Quotient von 14070 und 201 mit 307.

35. a) 62765 : 603   b) 63798 : 209   c) 72413 : 402   d) 65258 : 315
    27445 : 107   111705 : 206   300419 : 407   310949 : 612

36. a) 18975 : 345   b) 33099 : 1003   c) 74415 : 605   d) 69153 : 89
    22881 : 29   122412 : 303   30872 : 68   102010 : 202

37. Beginne mit irgendeiner Aufgabe. Am Ergebnis erkennst du, welche Aufgabe als nächste Aufgabe an der Reihe ist. Wenn du alles richtig rechnest, kommst du wieder bei deinem Start an.

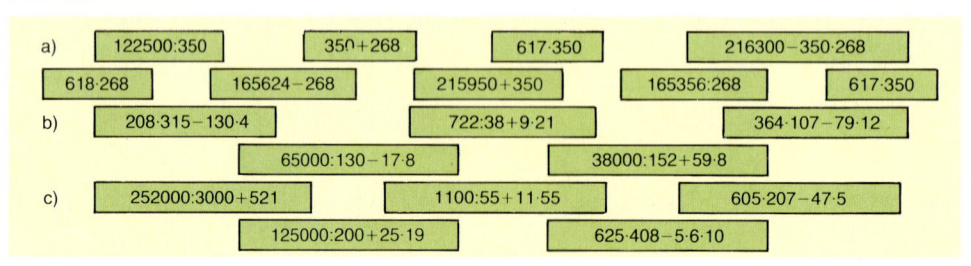

a) 122500:350   350+268   617·350   216300−350·268
618·268   165624−268   215950+350   165356:268   617·350

b) 208·315−130·4   722:38+9·21   364·107−79·12
65000:130−17·8   38000:152+59·8

c) 252000:3000+521   1100:55+11·55   605·207−47·5
125000:200+25·19   625·408−5·6·10

38. Übertrage die Tabellen in dein Heft und fülle sie aus.

a)
:	55	63	165	385
24255				
51975				
27720				

b)
:	117	143	264	312
30888				
226512				
360360				

c)
·	203	427	605	837
280				
406				
870				

d)
·	508	630	795	907
249				
530				
904				

9.2 Gewicht, Zeit und Längen

Umwandlungen

Gewicht

1. Wandle die Gewichte in die angegebene Einheit um.
   - a) 2000 g (kg)
     5000 g (kg)
     7000 g (kg)
   - b) 7 kg (g)
     6 kg (g)
     4 kg (g)
   - c) 9 g (mg)
     17 g (mg)
     31 g (mg)
   - d) 6000 mg (g)
     8000 mg (g)
     9000 mg (g)

2. Wandle in die angegebene Einheit um.
   - a) 6 000 kg (t)
     13 000 kg (t)
     27 000 kg (t)
   - b) 3 t (kg)
     18 t (kg)
     138 t (kg)
   - c) 4 t 200 kg (kg)
     5 t 460 kg (kg)
     9 t 846 kg (kg)
   - d) 3 kg 400 g (g)
     5 kg 375 g (g)
     7 kg 125 g (g)

3. Schreibe wie im Beispiel.   Beispiel: 3 t 128 kg = 3128 kg = 3,128 t
   - a) 5 t 235 kg
     6 t 762 kg
     8 t 153 kg
   - b) 12 t 120 kg
     31 t 380 kg
     59 t 520 kg
   - c) 23 t 25 kg
     39 t 47 kg
     71 t 83 kg
   - d) 258 t 4 kg
     429 t 6 kg
     649 t 9 kg

4. Rechne wie im Beispiel.   Beispiel: 5 kg 387 g = 5387 g = 5,387 kg
   - a) 2 kg 328 g
     4 kg 436 g
     7 kg 729 g
   - b) 14 kg 150 g
     19 kg 270 g
     34 kg 590 g
   - c) 21 kg 17 g
     27 kg 48 g
     39 kg 51 g
   - d) 347 kg 2 g
     539 kg 4 g
     742 kg 9 g

5. Beispiel: 6 g 835 mg = 6835 mg = 6,835 g
   - a) 4 g 948 mg
     6 g 839 mg
     7 g 658 mg
   - b) 83 g 847 mg
     73 g 658 mg
     57 g 468 mg
   - c) 76 g 83 mg
     69 g 58 mg
     53 g 49 mg
   - d) 978 g 9 mg
     834 g 7 mg
     683 g 5 mg

6. Wandle die Gewichte in die angegebene Einheit um.
   - a) 1639 g (kg)
     487 g (kg)
     78 g (kg)
     1 g (kg)
   - b) 6735 kg (t)
     831 kg (t)
     35 kg (t)
     9 kg (t)
   - c) 2578 mg (g)
     763 mg (g)
     49 mg (g)
     2 mg (g)
   - d) 399 mg (g)
     81 kg (g)
     56 g (kg)
     5 kg (t)

7. Schreibe wie im Beispiel.   Beispiel: 27,432 t = 27 t 432 kg = 27432 kg
   - a) 29,875 t
     36,283 t
     43,734 t
   - b) 28,047 t
     96,024 t
     78,084 t
   - c) 56,003 t
     27,007 t
     93,002 t
   - d) 286,3 t
     437,4 t
     583,6 t

Zeit

8. Wandle in Sekunden (s) um.
   - a) 5 min
     8 min
     13 min
   - b) 47 min
     56 min
     19 min
   - c) 19 min 12 s
     32 min 59 s
     45 min 23 s
   - d) 5 h 23 min
     3 h 5 min 7 s
     7 h 9 min 37 s

9. Wandle in Minuten (min) um.
   - a) 2 h 3 min
     7 h 8 min
   - b) 14 h 18 min
     18 h 36 min
   - c) 4 h 120 s
     6 h 180 s
   - d) 420 s
     540 s

10. Gib in den Einheiten min und s an. Beispiel: 85 s = 1 min 25 s

    a) 75 s   117 s   145 s   217 s   b) 572 s   647 s   835 s   944 s

    c) 10 877 s   18 252 s   14 407 s   d) 43 375 s   86 399 s   37 237 s

11. Gib in den Einheiten h und min an. Beispiel: 79 min = 1 h 19 min

    a) 75 min   112 min   138 min   156 min   b) 215 min   324 min   476 min   538 min

    c) 1247 min   1325 min   1483 min   d) 2546 min   3654 min   4578 min

12. Wandle in die angegebene Einheit um.

    a) 2 J. (Tg.)   5 J. (Mon.)   3 J. 4 Mon. (Mon.)   24 Mon. (J.)   72 Mon. (J.)

    b) 3 J. 9 Mon. (Mon.)   4 J. 2 Mon. (Tg.)   5 J. 4 Mon. 125 Tg. (Tg.)

Längen

13. Wandle die Längen in die angegebenen Einheiten um.

    a) 4 cm (mm)   b) 40 mm (cm)   c) 3 dm (cm)   d) 50 cm (dm)

       9 cm (mm)   80 mm (cm)   7 dm (cm)   80 cm (dm)

      12 cm (mm)   130 mm (cm)   21 dm (cm)   190 cm (dm)

14. Gib in der angegebenen Einheit an.

    a) 5 m (dm)   b) 4 m (cm)   c) 6 dm (mm)   d) 600 mm (dm)

       8 m (dm)   6 m (cm)   8 dm (mm)   700 mm (dm)

      24 m (dm)   47 m (cm)   15 dm (mm)   1400 mm (dm)

15. Gib in der angegebenen Einheit an.

    a) 400 cm (m)   b) 7000 m (km)   c) 36 km (m)   d) 16 000 mm (m)

       900 cm (m)   8000 m (km)   58 km (m)   39 000 mm (m)

     2300 cm (m)   14 000 m (km)   127 km (m)   147 000 mm (m)

16. Schreibe wie im Beispiel. Beispiel: 1375 cm = 13 m 75 cm = 13,75 m

    a) 1426 cm   b) 867 cm   c) 59 cm   d) 9 cm

       3856 cm   739 cm   81 cm   6 cm

       5239 cm   426 cm   98 cm   1 cm

17. Schreibe als Meter. Beispiel: 21 m 34 cm = 21,34 m

    a) 36 m 73 cm   b) 4 m 5 dm   c) 90 dm 35 cm   d) 6 dm 9 cm

       59 m 51 cm   7 m 3 dm   70 dm 43 cm   5 dm 7 cm

       76 m 29 cm   9 m 1 dm   50 dm 56 cm   3 dm 1 cm

18. Beispiel: 32 km 478 m = 32 478 m = 32,478 km

    a) 47 km 539 m   b) 19 km 46 m   c) 58 km 9 m   d) 7 km 5 m

       56 km 629 m   35 km 29 m   67 km 3 m   5 km 3 m

       67 km 947 m   83 km 78 m   95 km 1 m   3 km 2 m

19. Beispiel: 27,537 km = 27 km 537 m

    a) 46,428 km   b) 31,039 km   c) 58,004 km   d) 257,4 km

       65,139 km   48,043 km   73,006 km   428,7 km

       79,398 km   67,059 km   89,001 km   793,8 km

20. Jochen wiegt 35,5 kg, Timo wiegt 38,5 kg, Christian wiegt 36 kg. Sie stellen sich zusammen auf die Waage. Wieviel Kilogramm zeigt sie an?

Sachaufgaben
Gewicht

21. Ein Schinken wiegt 2,375 kg. Nacheinander werden davon verkauft: 500 g, 200 g, 150 g, 250 g. Wieviel Gramm bleiben noch übrig?

22. Im Fahrstuhl steht auf einem Schild: „640 kg oder 8 Personen". Welches Gewicht nimmt man für eine Person an?

23. Ein Lkw hat ein zulässiges Gesamtgewicht von 16 t. Sein Eigengewicht beträgt 10,2 t. Wieviel kg darf er noch zuladen?

24. Die Zuladung eines Lkw darf 3,5 t nicht überschreiten. Wie viele Säcke Gips zu je 40 kg darf er höchstens laden?

25. Wieviel Minuten sind es bis zur nächsten vollen Stunde? **Zeit**
  a) 7.35 Uhr b) 3.12 Uhr c) 14.04 Uhr d) 8.29 Uhr e) 23.47 Uhr

26. Wieviel Stunden und Minuten sind es bis Mitternacht?
  a) 23.26 Uhr b) 18.13 Uhr c) 12.06 Uhr d) 9.45 Uhr e) 0.12 Uhr

27. Berechne die Zeitspanne
  a) von 12.47 Uhr bis 13.26 Uhr   b) von 16.38 Uhr bis 20.12 Uhr
     von 14.18 Uhr bis 16.35 Uhr   von 14.57 Uhr bis 18.48 Uhr

28. Der Ausflug beginnt um 7.45 Uhr und endet um 13.10 Uhr. Wie viele Stunden und Minuten dauert er?

29. Berechne die fehlenden Werte.

Abfahrt	8.19	17.25		23.09	0.13	13.17	18.16	4.45
Ankunft		18.08	19.47	7.04	16.34		23.07	12.34
Fahrtdauer	2h 13min		7h 24min			4h 56min		

30. Die Bundesrepublik Deutschland wurde am 8. Mai 1949 gegründet. Wie alt ist sie heute?

31. Wie alt ist der Mathematiker Euler geworden? (4. 4. 1707 – 18. 9. 1783)

32. Miß die Länge und Breite dieses Buches. **Längen**

33. Im Wohnzimmer soll die Fußleiste erneuert werden. Es ist 6,50 m lang und 4,25 m breit. Die Tür ist mit Rahmen 1,25 m breit.

34. Die Laufbahn im Stadion ist 400 m lang. Wie viele Runden müssen für den 5000-m-Lauf gelaufen werden?

35. Silke fährt mit dem Fahrrad zur Schule. Dabei fährt sie täglich 3,750 km. Wieviel Kilometer sind das in einer Woche mit 5 Schultagen?

36. Herr Jahn kauft sich einen Gebrauchtwagen. Der Tacho zeigt 28 583 km. Beim Verkauf nach drei Jahren zeigt der Tacho 86 738 km.
  a) Wieviel km ist Herr Jahn gefahren?
  b) Wieviel Kilometer ist er durchschnittlich in einem Jahr gefahren?

9.3 Lösungen

Lösungen zu 9.1

1. a) 67, 94, 110, 255   b) 92, 138, 245, 404   c) 21, 28, 32, 113   d) 84, 296, 116, 380
2. a) 101, 134, 111   b) 34, 97, 0
3. a) 14, 73, 26, 81, 58   b) 62, 94, 67, 19, 91   c) 25, 72, 18, 66, 81   d) 63, 88, 79, 34, 41
4. a) 525, 115, 250, 379, 595   b) 280, 355, 980, 985
5. a) 1901   b) 55
6. a) 200, 299, 70, 1000   b) 290, 795, 400, 600
7. a) 25, 54   b) 25, 36   c) 33, 156   d) 77, 230
8. a) 1199   b) 3244   c) 413 942   d) 703 302
9. a) 62 947   b) 139 060   c) 184 705   d) 1 168 800
10. a) 9451   b) 80 216   c) 1 025 541   d) 227 505
11. a) 362   b) 4892   c) 1656   d) 567 756   e) 5223   f) 9018
12. a) 5852   b) 9650   c) 15 658   d) 851 465   e) 49 785   f) 799 880   g) 106   h) 99 999
13. a) 60 980, 8584, 143 232, 8956, 65 784, 50 278   b) 1 242 551, 14 463, 884 623, 723 691, 404 610, 207 530
    c) 2 323 355, 602 659, 5 414 065, 4 586 761, 5 677 178, 1 866 992
14. a) 2376, 1626, 2556, 2551, 2215, 1984 (13 308)   b) 2340, 2818, 2960, 2792, 2398, (13 308)
15. – 18.   482 km,   584 Plätze,   1325 km,   4517 kg
19. a)

1188	1533	1464
1671	1395	1119
1326	1257	1602

(4185)

b)

5533	5978	5889
6156	5800	5444
5711	5622	6067

(17 400)

c)

4367	4792	4707
4962	4622	4282
4537	4452	4877

(13 866)

20. 42 48 63 420 480 3600 4200 4800 6300 7200 10 000 36 000 48 000 90 000 280 000 480 000 540 000 630 000
21. 30 50 60 60 70 80 90 90 130 600 720 1000 1050 1080 1500 6000 13 500 22 500
22. 2125 2537 3196 4648 6192 6557 10 535 14 652 20 876 22 042 25 900 32 277 35 668 36 180 40 890 56 006 64 372 125 632
24. 420 720 720 1400 1800 3600 4900 5100 6300 6300 6400 6600
25. 10 220 12 936 13 344 13 802 14 552 14 784 14 924 36 890 52 776 55 844 56 175 61 248
26. 402 040 427 800 439 622 467 790 619 666 659 370 701 822 746 790 783 380 856 609 1 207 427 1 367 509 1 411 740 1 543 707 2 175 921 2 464 407 2 779 780 3 039 629 4 284 487 4 852 529
27. 36 69 74 83 183 247 304 305 507 704 804 809
28. 34 34 35 40 45 47 48 49 50 67 83 87
29. 210 225 240 273 315 325 336 585 1122 1309 1320 1540 2380 2720 3808 4760
30 bis 33.   28   50   240   1961
34. 207   21 490   612 816
35. 104 Rest 53   256 Rest 53   305 Rest 53   542 Rest 53   180 Rest 53   738 Rest 53   207 Rest 53   508 Rest 53
36. 33   55   123   404   454   505   777   789
38. 63 72 99 117 135 147 168 216 264 315 385 440 441 504 726 825 858 945 1155 1365 1584 1936 2520 3080 56 840 82 418 119 560 126 492 156 870 169 400 173 362 176 610 197 955 225 843 234 360 245 630 320 040 339 822 371 490 396 900 459 232 500 850 526 350 569 520 571 410 718 680 728 190 819 928

Lösungen zu 9.2

1. und 2. t: 6; 13; 27;   mg: 9000; 17 000; 31 000;   g: 6; 8; 9; 3400; 4000; 5375; 6000; 7000; 7125;
   kg: 3; 5; 7; 3000; 4200; 5460; 9846; 18 000; 138 000
3. 649,009; 429,006; 258,004; 71,083; 59,520; 39,047; 31,380; 23,025; 12,120; 8,153; 6,762; 5,235
4. 742,009; 539,004; 347,002; 39,051; 34,590; 27,048; 21,017; 19,270; 14,150; 7,729; 4,436; 2,328
5. 978,009; 834,007; 683,005; 83,847; 76,083; 73,658; 69,058; 57,468; 53,049; 7,658; 6,839; 4,948
6. t: 0,005; 0,009; 0,035; 0,831; 1,639;   kg: 0,001; 0,078; 0,487; 6,735;
   g: 0,002; 0,049; 0,056; 0,081; 0,399; 0,763; 2,578
7. 583 600; 437 400; 286 300; 96 024; 93 002; 78 084; 56 003; 43 734; 36 283; 29 875; 28 047; 27 007
8. 300; 480; 780; 1140; 1152; 1979; 2723; 2820; 3360; 11 107; 19 380; 25 867

9. 7; 9; 17; 123; 242; 363; 428; 486; 547; 858; 1116; 1307

10. 1 min 15 s; 1 min 57 s; 2 min 25 s; 3 min 37 s; 9 min 32 s; 10 min 47 s; 13 min 55 s; 15 min 44 s; 181 min 17 s; 240 min 7 s; 304 min 12 s; 620 min 37 s; 722 min 55 s; 1439 min 59 s

11. 1 h 15 min; 1 h 42 min; 2 h 18 min; 2 h 36 min; 3 h 35 min; 5 h 24 min; 7 h 56 min; 8 h 58 min; 20 h 47 min; 22 h 5 min; 24 h 43 min; 42 h 26 min; 60 h 54 min; 76 h 18 min

12. Jahre: 2; 6;   Monate: 40; 44; 60;   Tage: 730; 1520; 2070

13. und 15. mm: 40; 90; 120; 600; 800; 1500;   cm: 4; 8; 13; 30; 70; 210; 400; 600; 4700;   dm: 5; 6; 7; 8; 14; 19; 50; 80; 240

14. dm: 6; 7; 14; 50; 80; 240;   cm: 400; 600; 4700;   mm: 600; 800; 1500

15. m: 4; 9; 16; 23; 39; 147; 36000; 58000; 127000;   km: 7; 8; 14

16. 52,39; 38,56; 14,26; 8,67; 7,39; 4,26; 0,98; 0,81; 0,59; 0,09; 0,06; 0,01

17. 76,29; 59,51; 36,73; 9,35; 9,1; 7,43; 7,3; 5,56; 4,5; 0,69; 0,57; 0,31

18. 95,001; 83,078; 67,947; 67,003; 58,009; 56,629; 47,539; 35,029; 19,046; 7,005; 5,003; 3,002

19. 793 km 800 m; 428 km 700 m; 257 km 400 m; 89 km 1 m; 79 km 398 m; 73 km 6 m; 67 km 59 m; 65 km 139 m; 58 km 4 m; 48 km 43 m; 46 km 428 m; 31 km 39 m

20. bis 23. 80; 110; 1275; 5800

24. und 25. Quersumme: 4; 4; 7; 11; 12; 15

26. bis 28. 23 h 48 min; 14 h 15 min; 11 h 54 min; 5 h 47 min; 5 h 25 min; 3 h 51 min; 3 h 34 min; 2 h 17 min; 39 min; 34 min

29. Zeiten: 10.32 Uhr; 12.23 Uhr; 17.19 Uhr; 18.13 Uhr
Dauer: 16 h 21 min; 7 h 55 min; 4 h 51 min; 43 min

31. Quersummen: 13 (Jahre); 5 (Monate); 5 (Tage)

33. bis 36. 12,5; 18,750; 20,25; 19385; 58155

Register

Achsenkreuz 41
Achsenspiegelung 73
achsensymmetrisch 71
Addieren natürlicher Zahlen 22
assoziativ 30
Assoziativgesetz 28
Aussage 113
Aussageform 114

Bildfigur 74
Billion 15

Diagonale 45
Differenz 23
Distributivgesetz 60
Dividieren natürlicher Zahlen 54
Dualsystem 20

Endstellen 101

Geld 77
Geldscheine 77
gemeinsame Vielfache 106
Gerade 37
Geraden; parallele 40
Gewicht 81
Gleichung 111
größer 12
Grundmenge 116
Grundzahl 16, 110

Halbgerade 37
Hochwert 41
Hochzahl 16, 110

Klammerregel 58
kleiner 12
kleinstes gemeinsames
 Vielfaches (kgV) 106
kommutativ 30
Kommutativgesetz 28

Längen 89
Lösungsmenge 115

Milliarde 15
Million 15
Münzen 77
Multiplizieren natürlicher
 Zahlen 54

Nachfolger 11
Netze von Quadern 51
Netze von Würfeln 50

Ordnen 11

Parallel 40
Parallele Geraden 40
Parallelogramm 46
Parallelverschiebung 75
Potenz 110
Potenzschreibweise 110
Primfaktorzerlegung 109
Primzahlen 108
Produkt 54

Quader 48
Quadrat 43
Quersummenregel 103
Quotient 55

Rechengesetz 58
Rechenvorteil 58
Rechteck 43
Rechtswert 41
Römische Zahlzeichen 19
Runden 17
Rundungsregeln 17

Säulendiagramm 18
Schrägbilder 52
senkrecht 39
Senkrechte 39
Skalen 13
Spiegeln 71
Stellenwerttafel 14
Strecke 37
Streckendiagramm 18

Strecken zeichnen 38
Strichliste 8
Subtrahieren natürlicher
 Zahlen 22
Summe 23

Teilbarkeit 98
Teilbarkeit durch 5; 10 101
Teilbarkeit durch 2; 4 102
Teilbarkeit durch 3; 9 103
Teiler 98
Teilermenge 99
Term 111

Umkehraufgaben 25
Ungleichung 111

Variable 111
Verbindungsgesetz 28
Vergleichen 11
Verknüpfen 117
Verschieben 71
Verschiebung 76
Vertauschungsgesetz 28
Verteilungsgesetz 60
Vielfachmenge 100
Vielfaches 98
Vorgänge 11

Würfel 48

Zahlenfolge 9
Zahlen, gerade 9
Zahlen, natürliche 7, 22
Zahlen, ungerade 9
Zahlenmengen 10
Zahlenstrahl 11
Zehnerpotenz 16
Zehnersystem 14
Zeit 86
Zeitpunkt 87
Zeitspanne 87
Zweiersystem 20

Bildquellennachweis

Bavaria, Gauting: 75.5 (F: French); 75.6 (F: Jakob)
Deutsche Presse-Agentur (dpa), Frankfurt: 31.1; 91.1 (F: Wieseler); 91.2 (F: Agence France)
Aribert Jung, Hilchenbach: 71.3
Horst Krückemeier, Bielefeld: Titelbild, 8.1; 9.1; 15.1; 18.1; 19.1; 19.2; 22.1; 24.1; 25.1; 26.1; 37.1; 39.1; 39.2; 54.1; 55.1; 56.1; 56.2; 57.1; 59.1; 61.1; 68.1; 71.1; 71.4; 84.1; 90.2; 92.2; 95.1; 95.2; 98.1; 98.2; 101.1; 102.1; 102.2; 103.1; 110.1; 111.1; 115.1; 116.1; 116.2; 117.1; 120.1; 121.1
Photo-Center, Braunschweig: 89.1 (F: Meyer)
Dieter Rixe, Braunschweig: 11.1; 13.1; 27.3; 41.1; 69.2; 73.4; 77.1; 78.1; 81.2
Römisch Zehn, Ivano Polastri, Braunschweig: 7.1−7.3; 7.5−7.7; 28.1; 34.1; 34.2; 37.2; 48.1; 48.2; 52.3; 58.1; 71.2; 75.4; 79.1; 80.1; 86.1−3; 89.2; 92.1; 93.1; 100.1; 105.1
Verkehrsamt Speyer, Speyer: 89.3
Die übrigen Zeichnungen wurden von der Techn.-Graph. Abteilung Westermann, Braunschweig, angefertigt.